Marché du logement et aides publiques

Logiques sociales

Collection dirigée par Bruno Péquignot

En réunissant des chercheurs, des praticiens et des essayistes, même si la dominante reste universitaire, la collection « Logiques Sociales » entend favoriser les liens entre la recherche non finalisée et l'action sociale.

En laissant toute liberté théorique aux auteurs, elle cherche à promouvoir les recherches qui partent d'un terrain, d'une enquête ou d'une expérience qui augmentent la connaissance empirique des phénomènes sociaux ou qui proposent une innovation méthodologique ou théorique, voire une réévaluation de méthodes ou de systèmes conceptuels classiques.

Dernières parutions

Christophe GUIBERT et Benjamin TAUNAY (dir.), Tourisme et sciences sociales, *Postures de recherches, ancrages disciplinaires et épistémologiques,* 2017.

Sandrine GAYMARD et Teodor TIPLICA (dir.), *Sécurité routière : états des lieux et initiatives dans le monde*, 2017.

Dorina COSTE, *Une école de management à l'épreuve des cours d'art*, 2017.

Nicolas BOURGOIN, *Surveiller et punir. L'ère de la pénalité prédictive*, 2017.

Florence DOUGUET et Thierry FILLAUT, *Grossesse et alcool. Représentations et appropriations d'une priorité de santé*, 2017.

Claude GIRAUD, *L'ordre social*, 2017.

Corinne COVEZ, *Le cirque, une école du vivre. Pratique artistique : une éducation de la relation à soi, aux autres et au monde,* 2017.

Delphine RIVIER, *L'analyse de pratiques professionnelles en institut de formation en soins infirmiers, Expression de la singularité des cadres de santé formateurs,* 2017.

Suzie GUTH, *Les gangs de jeunes Italo-Américains*, 2017.

Aurélie DAMAMME, Helena HIRATA, Pascale MOLINIER, *Le travail entre public, privé et intime. Comparaisons et enjeux internationaux du* care, 2017.

Maxence LAMOUREUX, *Les cinéastes animaliers, Enquête dans les coulisses du film animalier en France,* 2017.

Nicolas COMBALBERT et Sophie ROTHÉ (dir.), *Vieillissement, vulnérabilités et animation sociale,* 2017.

Didier Cornuel

Marché du logement et aides publiques

L'Harmattan

5-7, rue de l'Ecole-Polytechnique, 75005 Paris

www.editions-harmattan.fr

ISBN : 978-2-343-13579-3
EAN : 9782343135793

Du même auteur

Economie immobilière et des politiques du logement, De Boeck, 2013
Son blog : www.economieimmobiliere.com

Introduction

Quel est l'état du marché du logement ? Quelle politique faut-il mener ? Voilà deux questions qui concernent l'ensemble des Français et qui constituent un domaine important de l'intervention publique avec plusieurs dizaines de milliards d'euros de dépenses publiques chaque année. Pourtant ces questions sont rarement évoquées de façon complète. C'est l'objet de ce texte qui est conçu comme un message d'alerte parce que le discours dominant ne correspond pas à la réalité.

Le discours dominant peut se résumer ainsi :

Le prix des logements est élevé. C'est l'indication d'une tension sur le marché qui serait due à une pénurie de logements, résultant elle-même d'un déficit de construction. Il faudrait construire davantage, jusqu'à 500000 logements par an, pour faire baisser leur prix. L'insuffisance de construction résulte de la rétention des terrains constructibles par leurs propriétaires et des normes de construction qui renchérissent le prix des logements. Il provient aussi des réticences des maires à laisser construire dans leur commune.

Dans ce diagnostic, tout est inexact, sauf le point de départ, le prix élevé des logements.

En réalité si le prix des logements est élevé, ce n'est pas du fait d'une pénurie. Au contraire il y a abondance de logements. Les prix élevés sont donc dus à un autre facteur. Avec 330000 logements construits par an en moyenne on construit beaucoup. Le rythme de construction est même trop élevé pour être soutenable. Ceci invalide aussi l'éventualité d'une rétention foncière.

Dès lors, le diagnostic sur lequel est fondée la politique du logement est erroné. Cette dernière ne peut donc être ni pertinente, ni efficace.

L'objet de cet ouvrage est de réexaminer l'état du marché du logement pour établir un diagnostic fondé, puis d'en tirer les conséquences quant à la politique du logement.

Dans une première partie sont repris les éléments de diagnostic évoqués afin de rétablir la vérité factuelle sur l'état du marché du logement et sont expliquées les raisons qui peuvent conduire à l'erreur de diagnostic.

Dans une deuxième partie, on présente la place du logement dans l'économie et on expose les principaux mécanismes économiques à l'œuvre au sein du secteur du logement.

Dans une troisième partie, on évalue la politique du logement dans ses principales manifestations, le secteur HLM, les aides à la personne, les aides fiscales et à l'épargne.

Dans une dernière partie, on fait des propositions de réforme.

Première partie
L'État du marché du logement

Chapitre 1
Il n'y a pas de pénurie de logements

On apprécie souvent l'état du marché du logement à partir de propos des professionnels ou des hommes politiques, quelquefois appuyés par des observations statistiques. Selon ces appréciations le marché du logement est dans un état de tension qui se manifeste dans les prix élevés et dans le mal-logement également dénoncé par les organisations humanitaires. Ces appréciations ne sont pas exemptes de subjectivité ou de biais liés à la défense d'intérêts professionnels. Pour apprécier de manière plus objective l'état d'un marché, les économistes disposent de deux catégories d'indicateurs : les prix et les volumes.

Les prix ont doublé, mais les loyers sont restés stables

Commençons par les prix. Il est manifeste que les prix des logements sont élevés par rapport aux niveaux que l'on a connus il y a 15 ans. Observons d'abord qu'un niveau absolu de prix n'a pas de signification en soi. Les prix ne sont que relatifs. Ils n'ont de sens que dans une comparaison dans le temps, ce qui définit les indices de prix, ou une comparaison dans l'espace ou selon toute autre différentiation. En l'occurrence, les prix des biens immobiliers ont connu une croissance exceptionnelle depuis 15 ans (cf. graphique 1).

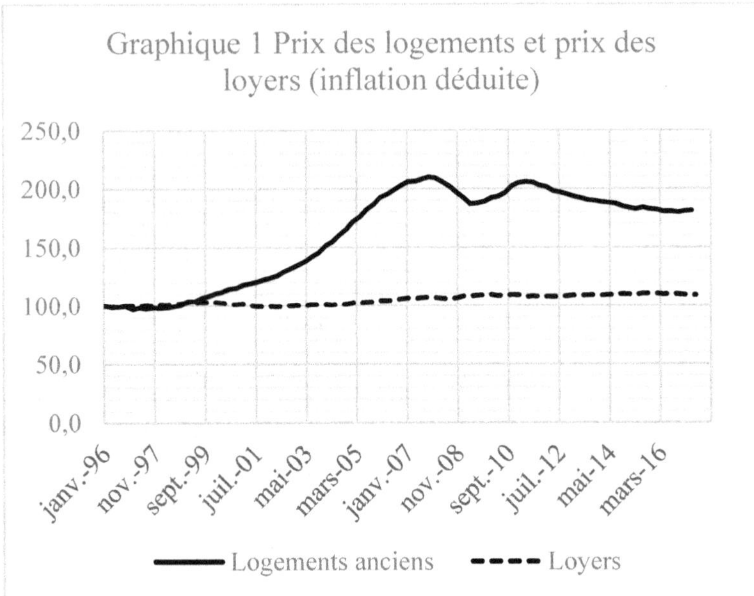

Source : données INSEE.

Le graphique 1 montre que le prix réel des logements, c'est-à-dire inflation déduite, a plus que doublé entre la fin du 20ème siècle et 2007. Il a connu une contraction lors de la crise des années 2008-2009 avant de revenir en 2011 à peu près à son pic de 2007. Depuis 2011 il connaît une tendance à la baisse avec un léger sursaut ces derniers trimestres. Il reste encore actuellement à un niveau très supérieur à celui des années 1990.

Cette évolution pourrait accréditer l'hypothèse d'une tension qui révélerait un déficit de l'offre de logements par rapport à la demande. Cette explication est plausible, mais elle est contredite par un autre phénomène avéré, la stabilité du prix des loyers. On constate en effet sur le graphique 1 que la courbe du prix des loyers est à peu près plate, ne manifestant qu'une très faible hausse sur la même période. Cette stabilité révèle une absence de tension sur le marché du logement.

En effet, si la hausse des prix résultait d'une tension du marché, celle-ci aurait entraîné une augmentation des loyers, car une pénurie éventuelle sur le marché des biens ne se serait pas limitée à ce marché. Si l'offre de logement à vendre est insuffisante ou les logements trop chers, les candidats à un logement peuvent se détourner de l'acquisition pour s'orienter vers la location. En se reportant sur le marché locatif, l'accroissement de demande aurait contribué à accroître la demande locative et à soulager la demande d'acquisition. Sur le marché locatif, cela aurait entraîné une tension et le prix des loyers aurait subi une pression à la hausse similaire à celle observée sur le marché de l'acquisition. Or on n'observe rien de tel sur le graphique 1. L'indice du prix des loyers montre une grande stabilité pendant la période d'augmentation du prix des biens. En l'espace de 15 ans, les loyers ont augmenté de 10 points de plus que l'inflation, ce qui est peu significatif. Le prix des loyers n'a donc pas connu d'envolée. Il ne manifeste pas non plus de fléchissement en 2008-2009.

On notera qu'on a parlé de « prix des loyers ». Ce prix est mesuré par l'évolution des loyers d'un même ensemble de logements au cours du temps. Les loyers moyens ont pu évoluer différemment, en l'occurrence augmenter davantage. Cette dépense de loyer est le résultat de la multiplication du prix unitaire par la quantité consommée. Si la dépense de loyer augmente alors que les prix unitaires sont stables, c'est imputable à l'augmentation des quantités de service logement consommée. Cette évolution relève du choix des consommateurs.

En tout état de cause, si le prix des logements a augmenté, ce n'est pas du fait de l'augmentation du prix des loyers. Inversement, l'évolution des loyers n'est pas imputable à celle du prix des logements. Le fait marquant de ce début du 21ème siècle est les évolutions divergentes entre le prix des biens et celui des loyers. Il nous faudra l'expliquer. Avant de poursuivre, il faut répondre à quelques objections sur ces réflexions.

On peut objecter d'abord que les hausses de loyer sont contraintes par la législation et que si les loyers n'ont pas augmenté c'est que la réglementation les en empêchait. Dès lors, l'évolution des prix serait le vrai indicateur de l'état du marché. Notons d'abord que l'instauration de l'indexation désormais imposée pour un nouveau bail est intervenue postérieurement à l'augmentation des prix et n'est pas générale. En deuxième lieu, l'indexation des loyers n'a pas empêché occasionnellement, avant la hausse des prix, un accroissement des loyers supérieur à l'indice de référence des loyers. Enfin l'écart entre l'augmentation des loyers et celle des prix est tellement important qu'il faudrait que la contrainte sur les loyers ait été d'une force considérable pour empêcher qu'ils augmentent, ne fût-ce que modérément. La stabilité des loyers ne peut pas être imputée aux seules contraintes légales. On peut même se demander si l'indexation ne conduit pas à une hausse supérieure à celle qui prévaudrait en l'absence d'indexation. En effet si les baux prévoient une indexation sur l'indice de référence des loyers, les bailleurs n'ont pas de raison de s'en abstenir même si l'abondance de l'offre devrait conduire à une baisse, ce qui paraît être en train de se réaliser.

La stabilité des loyers montre qu'il n'y a pas de tension particulière sur le marché locatif. L'indice du prix des loyers est d'ailleurs le vrai indicateur de l'état du marché du logement si le marché locatif peut être considéré comme à peu près concurrentiel. Cette stabilité des loyers révèle que, si la demande s'est accrue sur le marché locatif, l'offre a suivi. Or, en dehors des logements bénéficiant d'aide à l'investissement locatif, un logement offert à la location peut aussi être proposé à la vente. Par conséquent si l'offre locative est suffisante, les flux d'échange entre les deux marchés empêchent un déséquilibre sur l'autre marché, en l'occurrence une absence de tension sur l'un et une tension sur l'autre. Si le prix des biens augmentait, les détenteurs de logements locatifs les auraient offerts à la vente pour profiter de cette augmentation des prix. La communication entre le marché locatif et celui des biens s'opère aussi par la demande. Celle-ci peut passer de l'acquisition à la location. Elle peut passer aussi de la location à l'acquisition, même si ce passage n'est pas aussi facile. Mais il suffit qu'une fraction de la demande opère ce passage pour soulager l'éventuelle tension sur le marché locatif. Un choc de demande ou d'offre sur un marché entraîne des effets sur l'autre marché. On a affaire à un phénomène de « vases communicants » qui est la caractéristique des marchés concurrentiels.

Dans le cas du logement, ce mécanisme ne s'effectue pas instantanément. Il existe des délais, imputables au temps nécessaire aux vendeurs pour prendre leur décision, mettre en vente, trouver un acheteur et effectuer le transfert de propriété. De même il existe des délais du côté des demandeurs, le temps de la recherche, le délai légal pour donner congé au bailleur ou le temps nécessaire pour céder le logement, et celui nécessaire au déménagement. Bref, le marché du logement présente une certaine viscosité qui ralentit le processus d'ajustement de l'offre et de la demande. Cela dit, ce processus d'adaptation aurait eu le temps de se réaliser depuis les 15 ans qu'on croit observer une telle tension.

Des logements disponibles en quantité surabondante

Le deuxième indicateur de l'état d'un marché est constitué par les volumes ou les quantités. L'état quantitatif du marché du logement s'observe assez facilement puisque l'offre est constituée des bâtiments à usage effectif ou potentiel d'habitation et la demande est constituée des personnes résidant en France. Ces deux composantes du marché sont mesurées de fort longue date par la statistique publique. Une tension quantitative sur le marché du logement s'observerait par une détérioration des conditions de logement, tant quantitatives que qualitatives. S'il y avait une pénurie de logements, on observerait l'évolution quantitative de la variable qui en serait responsable, par exemple un accroissement accentué de la population et/ou une contraction du parc ou un ralentissement de l'accroissement du parc de logements. Or on n'a observé rien de tel. La population et le parc n'ont pas manifesté de changement dans leur évolution. En cas de déséquilibre, le solde de l'offre et de la demande manifesterait aussi une évolution caractéristique. L'état quantitatif du marché du logement ne montre pas de pénurie. Au contraire il montre une surabondance de logements qui se manifeste par une vacance croissante.

Au 1er janvier 2016, la France compte 66,725 millions de personnes et le parc de logements disponibles est de 35,425 millions de logements, soit plus d'un logement pour deux personnes. Une partie du parc n'est utilisée que de manière occasionnelle, sous forme de résidences secondaires, soit 9,9%. Et une autre partie du parc n'est pas utilisée du tout, ce sont les logements vacants, qui sont au nombre de 2,934 millions, soit 8,2% du parc. Une part significative des logements n'est pas utilisée. Il n'y a donc pas pénurie, mais plutôt excédent quantitatif de l'offre par rapport à la demande. Par ailleurs le chiffre des logements vacants, sans compter les résidences secondaires, excède très largement celui du nombre de personnes qui n'auraient pas de logements.

Non seulement le nombre de logements vacants est élevé, mais il ne cesse d'augmenter depuis 2005, ainsi que le montre le graphique 2, alors même que le nombre de logements occupés s'accroît. La vacance ne provient donc pas d'une diminution en valeur absolue de l'occupation du parc. Entre 2006 et 2015, le nombre de logements vacants a augmenté en moyenne de près de 90000 logements par an. Dans le même temps, le nombre de résidences secondaires a augmenté de 26000 logements par an. L'évolution des logements vacants n'est donc pas le résultat du changement de statut, des logements secondaires qui seraient désormais déclarés vacants. On peut se poser cependant la question de la nature de cette vacance.

Graphique 2 Logements occupés et logements vacants

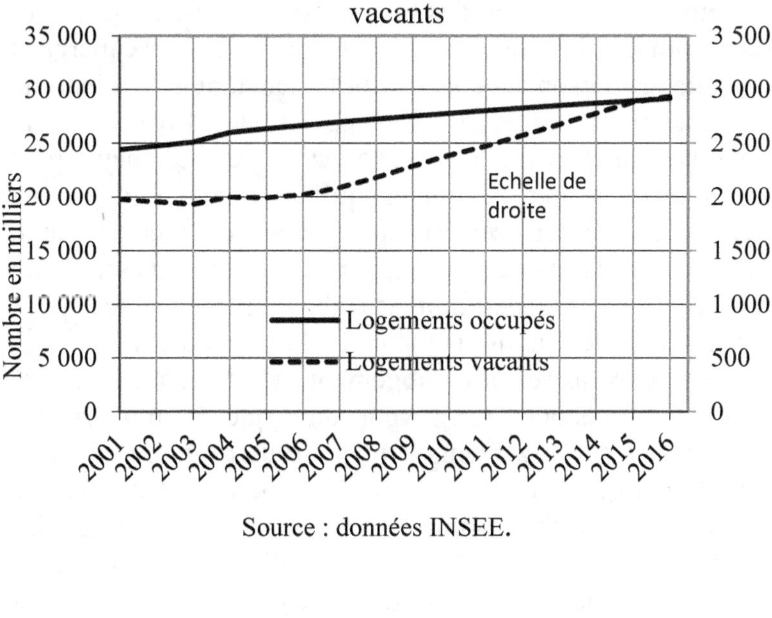

Source : données INSEE.

La nature de la vacance

Une comparaison avec le marché du travail permet de mieux la comprendre. Le marché du travail et le marché du logement présentent en effet des caractéristiques similaires. Géographiquement ils se recouvrent d'ailleurs très fortement. Sur le marché du travail se présente une offre émanant des travailleurs qu'on appelle aussi demandeurs d'emploi. Mais l'économiste préfère parler d'offre de travail en considérant que l'offre augmente avec le prix, en l'occurrence le salaire. La demande de travail émane des employeurs et on s'attend à ce qu'elle ait tendance à décroître avec le prix. Sur le marché du travail, quand l'offre excède la demande, le solde de l'offre et de la demande constitue le chômage. Quand la demande excède l'offre, il y a des offres d'emploi non satisfaites. Aux personnes inoccupées sur le marché du travail correspondent les logements inoccupés sur le marché du logement. La vacance des logements est donc l'équivalent du chômage. La grande différence entre les deux marchés est que les personnes constituent la demande sur le marché du logement tandis qu'elles constituent l'offre sur le marché du travail. Or on attache généralement plus d'importance aux personnes qu'aux biens. On a donc tendance à s'intéresser prioritairement à cette composante du marché. Mais, économiquement, il est nécessaire de prendre en considération les deux composantes pour comprendre le fonctionnement et l'état du marché.

Les deux marchés du logement et du travail sont des marchés de stock. Cela veut dire que la plupart des emplois et des logements sont pourvus de manière assez durable et que les ajustements s'effectuent à la marge. De même que s'effectue une rotation des personnes et des emplois, de même s'effectue une rotation des personnes et des logements. Les deux marchés présentent également des flux d'entrées et de sorties des offreurs et des demandeurs. Tous ces flux constituent les formes d'adaptation de l'offre et de la demande. Il existe aussi des personnes et des logements occupés de manière temporaire, souvent saisonnière, ce qui représente pour les logements les résidences secondaires ou occasionnelles.

Une certaine vacance est incompressible pour assurer la fluidité du parc, comme un certain chômage l'est pour assurer la fluidité du marché du travail. On parle de vacance frictionnelle. Comme certaines personnes sans emploi en retrouvent rapidement un, certains logements inoccupés retrouvent rapidement un occupant. Ainsi, un article du Service d'Observation et de Statistiques, le SOeS, (désormais Service de la Donnée et des Etudes Statistiques) du ministère en charge du logement indique : « Une fois sur deux la vacance d'un logement est suivie d'une réoccupation rapide et durable »[1]. Mais les délais pour retrouver un emploi ou un occupant peuvent être plus ou moins longs. L'accroissement du taux de vacance des logements est un indicateur de l'allongement du délai que présentent les logements pour retrouver un locataire ou un acquéreur. C'est bien un indicateur d'une éventuelle tension du marché.

On peut aussi s'interroger sur le taux minimum de vacance frictionnelle. Une réponse se trouve à l'étranger, dans le taux de vacance en Suisse. Au 1er juin 2016 le taux de vacance est de 1,3%, en hausse par rapport à l'année précédente et *a fortiori* par rapport à son creux de 0,9% en 2009 et plus anciennement de 0,43% en 1989. Dans un pays où la majorité des ménages est locataire, ce qui génère une mobilité résidentielle plus forte, le taux minimal de logements vacants pour assurer le

---

[1] « Le point sur » n°278, juillet 2013, http://www.statistiques.developpement-durable.gouv.fr/publications/p/2011/773/fois-deux-vacance-dun-logement-est-suivie-dune-reoccupation.html

fonctionnement du marché est donc extrêmement faible[2]. On constate qu'en France on est assez loin de ce minimum.

En ce qui concerne le marché du travail, on ne considère pas que le taux de chômage global soit l'indicateur de la seule fluidité du marché du travail. On l'interprète bien comme un excès d'offre de travail sur la demande, surtout quand ce taux est croissant. Le titre de l'article du SOeS cité à propos des logements vacants révèle aussi, *a contrario,* qu'un logement vacant sur deux n'est pas réoccupé rapidement ou durablement. En fait un continuum peut s'observer entre la vacance de logement ou le chômage frictionnels et la vacance ou le chômage de longue durée. Les logements libérés commencent par être reproposés sur le marché où ils trouvent ou non un occupant. En en ayant retrouvé un, il se peut que cet occupant ne reste pas si bien que le logement est à nouveau proposé. Le délai de vacance risque alors de s'allonger. Le détenteur du bien peut réaliser que son logement a besoin d'amélioration comme le chômeur peut s'améliorer en effectuant une formation. Il se peut que le propriétaire ou le chômeur n'en ait pas envie ou qu'il n'en ait pas les moyens. Le logement va alors s'installer dans une vacance ou un chômage plus long et éventuellement pourra sortir définitivement du marché.

Un autre élément qui incite peu actuellement les bailleurs à proposer leur bien à la location est la distorsion entre le revenu locatif et la valeur patrimoniale. Le revenu qu'un bailleur peut tirer de son logement est très faible par rapport à la valeur de son bien. La motivation économique

---

[2] Il faut préciser qu'en Suisse les congés ne peuvent être donnés par les locataires ou les bailleurs qu'en fin de trimestre. Par ailleurs la Suisse mène une enquête annuelle sur les logements vacants pour en connaître précisément la nature. On est loin d'avoir la même information en France.

pour louer est donc modérée. La situation est la même que celle des épargnants qui laissent des liquidités sur leur compte courant plutôt que de les placer sur un compte d'épargne sachant que les revenus de l'épargne sont minimes comme ceux des placements immobiliers.

L'évolution de la vacance des logements comme l'évolution du chômage sont des indicateurs de l'excès d'offre de logement et de l'offre de travail sur la demande de logement et de travail. En ce qui concerne le logement il résulte d'un rythme de construction trop élevé par rapport à l'évolution de la population.

En France la population s'accroît depuis 40 ans à un rythme assez régulier d'environ ½ % par an. Ce chiffre connaît de faibles variations annuelles. Quant à l'offre de logements, elle est pour l'essentiel constituée des bâtiments existants auxquels s'ajoute la construction de nouveaux logements nette des destructions et désaffectations. La construction de logements est de 330000 par an depuis 40 ans. L'accroissement du parc est en moyenne de 316000 logements par an. Le taux de croissance annuelle moyen du parc est donc d'environ 1%.

En France, l'offre de logements croît à un rythme deux fois plus élevé que la population. Pour donner une idée plus concrète on construit depuis 30 ans plus d'un logement par nouveau-né et par immigrant. Comme le nombre de logements vacants s'accroît significativement depuis 2006, on peut en conclure que la construction neuve contribue à vider les logements existants. Aussi, quand on construit 330000 logements par an, 80000 vont servir à augmenter d'autant le nombre de logements vacants, sans compter les quelque 26000 résidences secondaires[3]. Finalement le nombre de logements vacants représente plus de 8 années de construction.

---

[3] Le nombre de constructions de résidences secondaires est inconnu. L'estimation de 26000 se base sur l'accroissement annuel moyen du

A titre de comparaison, considérons le Royaume-Uni. Il compte actuellement à peu près la même population, le même nombre de ménages et le même niveau de revenu que la France. Or depuis 40 ans le rythme de construction y est de 200 000 logements par an en moyenne. Il est tombé en dessous de 150000 ces dernières années. Finalement, le Royaume-Uni compte entre 6 et 7 millions de logements de moins que la France, alors même que le nombre de ménages, donc de résidences principales, est le même. La situation en Allemagne est tout aussi éclairante. Depuis 10 ans la population a diminué de plus de 2 millions d'habitants, avant la phase d'accueil des réfugiés, alors que le stock de logements est encore en croissance. Il n'est pas difficile de loger les Allemands. Il est vrai que l'Allemagne a connu des déplacements de population significatifs depuis la réunification, de l'est vers l'ouest, et vers Berlin redevenue capitale.

Ce chiffre de la population constitue un des éléments fondamentaux de la demande. Au-delà de ces fondamentaux, l'ajustement de l'offre et de la demande va dépendre de la manière dont la population se répartit dans les logements et des déterminants économiques qui conditionnent la demande.

Les manifestations de l'abondance de logement

L'accroissement deux fois plus rapide du nombre de logements que de la population a permis une diminution du nombre de personnes par logement, sous forme d'une augmentation du nombre de ménages. Celle-ci est quelquefois invoquée pour expliquer l'augmentation de la demande. Mais elle est autant une résultante de

---

parc de résidences secondaires depuis 30 ans qui est un solde de constructions, destructions, désaffectations et réaffectations.

l'accroissement de l'offre de logements qu'il n'en est un facteur.

Revenons à la définition d'un ménage qu'utilise l'INSEE. Un ménage est l'ensemble des personnes habitant un même logement, quels que soient leurs liens de parenté ou matrimoniaux. Dès lors le nombre de ménages (ordinaires) est égal au nombre de résidences (principales) qui constituent les logements occupés de manière permanente. Cela signifie qu'un ménage n'existe que lorsqu'il est logé. Dès lors il y a identité entre le nombre de ménages et celui des résidences principales. Si le nombre de ces dernières était moindre, le nombre de ménages le serait également. La question est de savoir si c'est l'augmentation du nombre de logements qui explique celle des ménages ou l'inverse. Ou pour le dire en termes plus économiques, le nombre de ménages est-il endogène au marché, ou exogène ? On n'a pas d'autres informations sur la constitution des ménages que celle fournie par la statistique de résidences principales comme résultante du fonctionnement du marché. On constate que plus du tiers des ménages est constitué d'une seule personne. Autrement dit un tiers des logements est occupé par une seule personne. Les autres ménages sont les couples sans enfant (26% des ménages) ou avec enfants (26%), les familles monoparentales (9%), et les ménages complexes au sens du recensement (5%), c'est-à-dire les ménages composés de deux familles, de plusieurs personnes isolées qui ne constituent pas une famille, ou de personnes isolées et de famille(s). La croissance future du nombre de ménages réside dans la séparation des couples ou des ménages complexes, mais ceux-ci sont peu nombreux, et la décohabitation des jeunes adultes.

Constatons en tous cas que la population pourrait se répartir en davantage de ménages qu'elle ne le fait puisque tous les logements ne sont pas occupés. En réalité on a vraisemblablement atteint les limites de l'atomisation de la population dans les unités de vie élémentaires que sont les ménages.

Par ailleurs il se pourrait aussi que ce soit la répartition des logements selon leur taille qui soit inadaptée à celle des ménages selon leur nombre de personnes. Cela se traduirait par un surpeuplement du logement pour certains ménages. La statistique montre que la très grande majorité des ménages est en situation de sous-peuplement ou de peuplement normal, c'est-à-dire qu'ils occupent un logement plus grand ou aussi grand que ne l'exigent les normes de peuplement définies par l'INSEE et le Ministère du logement. Deux tiers des ménages sont en situation de sous-peuplement, c'est-à-dire occupent un logement dont le nombre de pièces dépasse leurs stricts besoins. Cette situation ne fait que s'accentuer. L'évolution continue vers l'accroissement du nombre de pièces ou de surface par personne.

Certains ménages sont en situation de surpeuplement. A la dernière Enquête Nationale Logement (ENL), celle de 2013, le taux de ménages en situation de surpeuplement est de 8,5%. A l'enquête précédente, celle de 2006, le chiffre était de 8,4% contre 11% en 1996. Le surpeuplement existe, mais ne concerne qu'une part limitée de la population et cette part est en diminution tendancielle.

Une autre illustration de l'abondance de logements est le phénomène de partage de logements : colocation, habitat partagé, location temporaire entre particuliers par l'intermédiaire de plateformes internet. Ces phénomènes sont quelquefois interprétés comme la manifestation d'une tension sur le marché qui obligerait les personnes à trouver des solutions de logement inédites. Ils seraient aussi dus à la recherche de complément de revenu pour couvrir un coût de l'immobilier élevé. On verra que les coûts de logement n'ont rien d'excessif. Mais surtout la possibilité d'un partage révèle l'abondance des biens et l'importance des surfaces disponibles par rapport aux besoins du ménage. Le phénomène de colocation n'était pas envisageable il y a quelques années parce que les logements suffisamment grands étaient occupés par des familles qui ont accédé à d'autres logements et ont libéré ceux qu'elles occupaient. Désormais les propriétaires de ces logements sont satisfaits de trouver une autre clientèle de jeunes, souvent colocataires, pour occuper leurs logements. Parallèlement c'est parce que le parc de logements a pu les accueillir que les jeunes ont pu quitter le logement familial.

Le partage des logements par des personnes seules n'est également possible que parce que ces personnes disposent d'une taille de logement qui excède leurs besoins. Elles représentent 1/3 des ménages, donc des résidences principales. Elles disposent d'une surface moyenne de 70m². C'est dire qu'elles ont une surface disponible pour héberger d'autres personnes. Ce type de partage n'était pas non plus possible en situation de pénurie quand les personnes âgées cohabitaient avec un couple plus jeune, faute de pouvoir disposer de deux logements indépendants. Le partage ou la cohabitation que l'on connaît actuellement sont donc voulus, à la différence de la cohabitation subie que la France a connue en situation de pénurie jusque dans les années 1970. Ils constituent une possibilité supplémentaire dans l'arbitrage que les personnes seules ont à faire en matière de logement.

Il en est de même avec les locations occasionnelles de particulier à particulier par l'intermédiaire de sites internet. Les médias indiquent que le premier parc de logements offerts dans ce cadre est le parc parisien avec plus de 50000 logements. La possibilité qu'ont les occupants de ces logements à les offrir en location montre bien que ces logements sont sous-utilisés dans le temps ou en nombre de pièces.

Quantitativement, le parc de logements s'est accru, et a aussi augmenté en surface. Les résultats de la dernière Enquête Nationale Logement menée par l'INSEE en 2013 confirment cette amélioration, certes ralentie depuis 2006, mais régulière. L'accroissement quantitatif a permis un desserrement continu de la population dans les logements ce qui a pris la forme d'un accroissement du nombre de ménages. Il en est résulté une diminution de la taille moyenne des ménages, c'est-à-dire du nombre de personnes par logement, et un accroissement de la surface moyenne de logement par personne. Celle-ci est passée en 30 ans de 30 m^2 à plus de 40 m^2.

Quand on s'intéresse à la répartition des ménages dans les logements, on constate que le taux de suroccupation qui s'exprime en norme de surface par personne ne concerne que 2,9% des ménages en 2013 (source Filocom), en baisse continue également.

En définitive, quel que soit l'indicateur retenu, les Enquêtes Nationales Logement qui fournissent une comparaison sur le long terme, montrent une amélioration continue des conditions de logement depuis 30 ans : la surface moyenne des logements augmente ainsi que la surface par personne ; le taux de ménages en situation de surpeuplement a été divisé par 2 en 30 ans et s'est juste stabilisé depuis 2006. Le taux de propriétaires n'a pas cessé d'augmenter en gagnant 3,6 points à 57,9% en 2013.

Actuellement, on ne peut donc pas parler d'insuffisance quantitative de logements au niveau national, mais plutôt une surabondance. Ce résultat concerne la France entière. Mais, objecte-t-on, les logements sont des biens localisés et les marchés sont donc locaux. Il peut donc y avoir des zones où le marché est tendu et d'autres où il l'est moins. Y a-t-il donc des pénuries locales ? La réponse est clairement non.

Il n'y a pas de pénuries locales

L'objection formulée le plus couramment face aux données présentées précédemment et à leur interprétation est qu'une abondance globale n'interdirait pas des tensions locales. Remarquons d'abord que les données nationales sont l'addition de données locales, notamment celles des grandes agglomérations, par définition plus importantes. S'il y avait à la fois abondance globale et pénurie locale, il faudrait que se manifestent des disparités locales extrêmement importantes. Ce qui n'est pas le cas. Les phénomènes qui ont été évoqués concernent l'ensemble de la France, mais de manière plus ou moins accentuée selon la zone. Examinons donc les situations locales en mobilisant les mêmes indicateurs que ceux utilisés au niveau national, à savoir l'évolution des prix et des quantités.

Les prix concernés sont ceux des biens et des loyers. La statistique publique fournit assez peu de données locales sur ces variables. Quant aux données de sources privées, elles doivent être prises avec précaution. En effet, entre autres réserves, les fournisseurs privés ne disposent pas de l'accès à la base d'information de la statistique publique, c'est-à-dire à l'ensemble des logements, pour construire une information représentative. L'information est donc partielle et donc vraisemblablement biaisée.

Si on s'en tient aux séries de prix et loyers de l'INSEE, on disposait jusque récemment de séries de loyers pour les grandes agglomérations. Comme elles représentent la majorité du parc locatif national, il n'est pas surprenant que l'indice du prix des loyers qui les concerne ne fasse pas apparaître de différences d'évolution sensibles avec le prix au niveau national. On disposait aussi d'un indice du prix des loyers pour l'agglomération parisienne qui ne montre pas d'évolution plus marquée du prix des loyers. Elle ne révèle donc pas de tension particulière sur ces marchés.

Les indices de prix des appartements anciens ne sont fournis par l'INSEE que pour les 3 plus grandes agglomérations françaises, Paris, Lyon et Marseille. Les données pour l'agglomération lilloise sont plus récentes et ne concernent que les maisons. Si l'on compare les données de la totalité de la province et de l'agglomération parisienne, on constate que les prix y ont doublé dans un cas comme dans l'autre. Après la contraction des années 2008-2009, la reprise a toutefois été plus accentuée en région parisienne qu'en province sans qu'il y ait d'explication évidente. Ce peut être simplement l'effet d'un décalage des évolutions comme on l'avait constaté antérieurement dans les années 1980-1995.

La comparaison entre la ville de Paris et les agglomérations de Lyon et Marseille y fait apparaître des indices de prix à des niveaux très semblables en 2015. La seule différence est celle d'une plus grande volatilité des prix à Marseille qu'ailleurs.

L'évolution des prix ne fait donc pas apparaître de divergences sur la tension des marchés locaux.

Qu'en est-il alors des quantités ? L'indicateur de tension qu'est le taux de logements vacants est également disponible à un niveau local fin puisque les recensements de l'INSEE fournissent l'information au niveau de la commune. Le tableau 1 donne le taux de logements vacants dans les 15 premières communes françaises.

Tableau 1 Logements vacants dans les 15 plus grandes communes françaises en 2013

Commune	Nombre de logements	Taux de logements vacants
Paris	1358884	0,077
Marseille	427882	0,075
Lyon	286642	0,090
Toulouse	273667	0,083
Nice	225372	0,132
Nantes	168717	0,065
Montpellier	157017	0,082
Bordeaux	148618	0,068
Strasbourg	143761	0,075
Lille	131819	0,078
Rennes	119683	0,060
Reims	99692	0,074
Saint-Étienne	98212	0,117
Grenoble	95333	0,099

Ensemble, les 15 plus grandes villes de France ont un taux de logements vacants de 8,2% en 2013, supérieur à la moyenne nationale à 7,8%. Paris est très proche de la moyenne nationale, ce qui représente plus de 100000 logements vacants. La ville de Nice, réputée chère, ce qui serait l'indice d'un marché tendu, présente un taux de vacance de plus de 13%, en plus des 13% de résidences secondaires. Pour concrétiser ce chiffre, le nombre de logements vacants à Nice permettrait d'y loger les 25000 réfugiés que la France s'est engagée à accueillir, à raison d'un réfugié par logement. Grenoble, ville réputée pour son dynamisme, a près de 10% de logements vacants.

Certaines villes ont un taux de vacance inférieur à la moyenne. C'est le cas notamment de Rennes, de Lille et de Nantes. On n'entrera pas ici dans les raisons qui font que certaines villes ont un taux plus élevé que d'autres. On observera simplement que la vacance est un phénomène très répandu.

S'il n'y a donc pas de zones tendues, il y a en revanche des zones de sur-offre. Cet état du marché du logement se manifeste par un taux de vacance élevé. Un certain nombre de villes, outre celles déjà citées, affiche un taux de vacance supérieur à 10%. Parmi elles figurent des communes d'une certaine importance dans des agglomérations dites tendues, comme l'agglomération parisienne. On présente dans le tableau 2 quelques chiffres qui ne sont pas tous choisis parmi les plus élevés.

Tableau 2 Diverses communes à taux de vacance supérieur à 10% en 2013

	Nombre total de logements	Taux de logements vacants
Saint-Denis	68252	0,122
Troyes	35627	0,111
Roubaix	40112	0,114
Nancy	66984	0,118
Metz	65351	0,125
Valence	35427	0,135
Perpignan	69981	0,143
Mulhouse	56974	0,146
Pau	51025	0,156
Avignon	51136	0,144
Béziers	43513	0,172
Vichy	20990	0,205

Parmi les villes françaises d'une certaine importance qui présentent des taux de vacances très élevés, Vichy est la championne : plus d'un logement sur cinq n'a pas d'occupants. Mais d'autres villes moyennes ont également des taux élevés : c'est le cas notamment de Tulle, Béziers, Avignon, mais aussi de Nevers, Pau, Perpignan, Mulhouse. Des villes plus importantes sont également dans cette situation. On a déjà cité Nice, on peut y ajouter Metz, Nancy, Roubaix, etc. On n'abordera pas les raisons qui peuvent amener ces villes à des taux de vacance élevés. Observons seulement qu'il s'agit de villes où l'habitat est ancien, ce qui suggère que la construction neuve, notamment périurbaine, contribue à vider les logements anciens, plus centraux.

Le cas parisien

Au moins à Paris l'état de tension est-il manifeste ? Là aussi une réponse objective peut être fournie en mobilisant les indicateurs de prix et de quantité. On compare l'évolution des prix des appartements anciens entre la ville de Paris, la petite couronne (les départements contigus à Paris, et la grande couronne (les départements au-delà de la première couronne). Sur la période 2000-2007, les évolutions des prix sont similaires entre les trois zones, avec une croissance plus accentuée en petite couronne qu'à Paris ou en grande couronne. L'écart entre les trois zones s'est accentué avec la reprise de 2009. A partir de la même base 100 en 1996, les prix de la seconde couronne sont 30% plus élevés qu'à Paris et 50% plus élevés qu'en grande couronne. Rappelons que les prix à Paris ont évolué comme ceux des autres grandes agglomérations. La tension n'y est donc pas plus marquée. En revanche elle l'est davantage en petite couronne. Encore faut-il attendre pour s'assurer qu'il ne s'agit pas là d'une volatilité passagère qui ramènera finalement les prix au même niveau qu'à Paris.

Qu'en est-il de la vacance ? Entre 2007 et 2012, le parc de logements de la ville de Paris s'est accru de plus de 20000 logements. Le nombre de logements vacants s'est réduit de 15000 unités. S'agit-il de la manifestation d'une tension sur le marché ? On pourrait le penser. Mais dans la même période, le nombre de résidences secondaires s'est accru de 16000 unités. Il paraît assez vraisemblable que bon nombre des logements déclarés vacants en 2007 ont été déclarés résidences secondaires en 2012, sans doute pour des raisons fiscales. Au total le nombre de logements inoccupés à Paris est stable, mais reste à un niveau élevé.

Incidence sur la politique du logement

Il n'y a donc pas de pénurie de logements, ni nationale, ni locale. Si c'est le diagnostic sur lequel est fondée la politique du logement, celle-ci ne peut être ni pertinente ni efficace. Il n'est pas pertinent d'aider la construction de logements pour combler un déficit inexistant. Avec 330000 logements par an, le rythme de construction est déjà élevé et n'est pas soutenable durablement. Pour reprendre la comparaison avec le marché du travail, il n'est pas plus cohérent de construire 300000 logements quand on a 3 millions de logements vacants que de faire venir près de 300000 travailleurs détachés quand on a plus de 3 millions de chômeurs.

L'objectif de construction de 500000 logements par an exprimé comme choc d'offre n'a aucun fondement économique. Certes, les logements neufs construits sont sans doute de meilleure qualité que ceux qui restent inoccupés, mais il serait plus économique d'améliorer la qualité de l'existant.

Du point de vue des prix, comme la hausse des prix n'est pas la résultante d'un déficit, une augmentation de la construction ne fera pas baisser les prix. D'ailleurs l'offre pléthorique de logements n'a pas fait baisser significativement les prix depuis le pic de 2011.

On a déjà montré que le rythme de construction actuel s'accompagnait d'un accroissement continu du nombre de logements vacants, de telle sorte que le logement neuf contribue à vider l'ancien. Mais ce mécanisme général se manifeste aussi dans les différents segments du parc. L'accession à la propriété contribue à vider le secteur locatif. Et au sein du secteur locatif, le locatif social contribue à vider le locatif privé. Le marché du logement est entré dans une dynamique où l'accroissement d'un segment se fait au détriment d'un autre. Finalement cette dynamique aboutit à construire plus de logements qu'il n'est besoin.

Comme la pénurie de logements n'existe pas, il reste à expliquer pourquoi le discours de pénurie rencontre un tel écho. On a déjà commencé à fournir l'explication par l'erreur d'interprétation de la hausse des prix. On verra dans le chapitre suivant quels autres aspects du marché peuvent donner cette impression et pourquoi le sentiment de pénurie ou au moins de difficultés à se loger peut perdurer chez les ménages dans un contexte d'abondance.

Enfin si la politique du logement est fondée sur un diagnostic erroné, il faut réexaminer toutes les interventions publiques dans ce domaine. La suite du texte y contribuera.

Chapitre 2
Les raisons du discours de pénurie

Le discours de pénurie est assez général, bien qu'il commence quelquefois à être remis en question par les médias. Il fonde l'objectif de construction de 500000 logements défendu par les présidents Sarkozy et Hollande. On parle actuellement en fin 2017 d'un choc d'offre. Ce discours se retrouve aussi chez certains professionnels de l'immobilier. Comment peut-il être tenu en face de faits avérés qui vont à l'encontre de ce diagnostic ? Comment expliquer cette distorsion entre la perception de la réalité et la réalité elle-même ?

On a déjà vu qu'un des arguments avancés est la hausse des prix immobiliers. Elle est incontestable, mais est due à d'autres causes qu'une pénurie. Plus globalement, l'argumentaire plus ou moins explicite de la situation du logement en France peut se résumer ainsi : les logements sont chers parce qu'il y a un déficit de logements. Une manifestation du déficit est le mal-logement et la forte demande de logements HLM. Il faut donc construire davantage. Les difficultés de construction et les prix élevés sont dus à la pénurie foncière. Il faut donc libérer du foncier à plus bas prix pour résoudre la « crise » du logement.

En fait, tout ce raisonnement économique est erroné.

La détermination du prix des logements

Si l'on suit le processus de production d'un logement, on constate qu'il est d'abord produit en tant que construction sur un terrain ; puis le logement est livré à un investisseur qui en sera le propriétaire ; il est ensuite mis à disposition d'un occupant qui peut être un locataire ou le propriétaire lui-même.

Comme les étapes se déroulent dans cet ordre chronologique, on pourrait penser que les prix se déterminent dans cet ordre. Le coût de production déterminerait le prix de vente qui déterminerait le loyer, avec l'idée que le bailleur qui a acheté un logement souhaite un rendement donné qui entraîne un niveau de loyer.

En réalité les prix se déterminent dans le sens inverse. C'est le loyer qui détermine le prix des logements qui détermine à son tour une des composantes du coût de production, la composante foncière. Cette détermination des valeurs présentes par des valeurs futures peut paraître invraisemblable. Ce mécanisme est possible parce que ces dernières sont anticipées. Le rôle des anticipations est d'ailleurs fréquent dans les comportements économiques en général. Les anticipations peuvent être conscientes ou non. Ainsi le bailleur peut acheter un logement et le louer sur la base d'un taux de rendement attendu. Si le loyer auquel il propose son logement est trop élevé, il aura des difficultés à trouver un locataire. En revanche, s'il s'aperçoit qu'il trouve aisément un locataire, il aura tendance à chercher à augmenter le loyer. En définitive c'est bien le marché locatif qui est le marché directeur et le loyer futur qui détermine la valeur patrimoniale actuelle du logement.

En fait, un logement, comme tout élément de patrimoine, est une créance sur le futur. Il vaut, non pas ce qu'il a coûté à produire, mais ce qu'il peut rapporter. Un logement qui a coûté pour être construit, mais n'offre pas de perspective de rapport, ne vaut rien, comme un titre de créance sur une entreprise qui a fait faillite. Comme patrimoine, le logement a son prix déterminé comme celui des autres formes de patrimoine, tels que les droits d'auteur, les actions d'entreprise ou les droits d'exploitation de ressources naturelles. La valeur patrimoniale d'un droit de propriété est la somme des revenus futurs qu'il peut générer.

Comme ces revenus sont futurs, ils sont incertains, ce qui conduit l'investisseur à attendre de son investissement une prime de risque définie par rapport à un investissement sans risque. Mais surtout, ces revenus, étant futurs, doivent être actualisés. L'idée d'actualisation vient du fait qu'un montant donné dans le futur vaut moins que le même montant perçu maintenant. Cette moindre valeur future vient du fait que, si on dispose du montant maintenant, il vaudra plus dans le futur, dans la mesure où on peut le placer pour en tirer un rendement. L'actualisation est donc le mécanisme inverse de la capitalisation d'intérêts, et le taux de capitalisation est l'équivalent d'un taux d'intérêt. En simplifiant on peut montrer que le prix d'un logement est égal au loyer qu'on peut en tirer divisé par le taux d'intérêt. Cette égalité n'est pas un simple calcul arithmétique. Elle exprime aussi le sens de la relation entre prix, taux d'intérêt et loyer. Le prix est la résultante du loyer et du taux d'intérêt. C'est la variation du loyer et du taux d'intérêt qui conduisent à une variation des prix. Comme les loyers sont stables depuis 15 ans en France, l'augmentation des prix résulte de la baisse des taux d'intérêt et des taux de rendement. C'est parce que les taux de rendement ont diminué que les prix ont augmenté, ce n'est pas parce que les prix ont augmenté que les taux de rendement ont baissé. Conformément à l'adage financier, le prix des actifs varie en sens inverse des taux.

En ce qui concerne la relation entre le coût de production et le prix des biens, là aussi la détermination est à rebours du déroulement chronologique. C'est le prix des biens qui détermine en partie le coût de production. Cela est possible parce que ce dernier comporte une composante qui n'est pas produite et n'a donc pas de coût de production. C'est le foncier. N'ayant pas de coût de production, il n'a d'autre prix que celui que veut bien mettre l'acquéreur, le promoteur ou le ménage qui fait construire. Les promoteurs indiquent d'ailleurs qu'ils calculent la charge foncière maximale admissible sur une opération de construction, et donc le prix du sol, au moyen d'un compte à rebours. Ils partent du prix du marché du logement pour en soustraire les coûts de bâtiment et autres ainsi que leur marge pour aboutir au prix foncier.

Dans ces conditions une baisse de prix du bâtiment n'aurait pas d'incidence sur les prix immobiliers. Elle serait absorbée par la hausse des prix fonciers. Autrement dit, ce ne sont pas les normes de construction de plus en plus exigeantes qui sont à l'origine de la hausse des prix du logement. La fourniture de terrains à prix réduit peut seule conduire à un prix de revient moins élevé, à condition que d'autres intervenants ne s'approprient pas une part plus importante du prix.

Dans ce mécanisme de détermination des prix de l'aval vers l'amont, il apparaît que les prix de l'immobilier, ceux des loyers et ceux des biens, sont finalement ceux que les ménages utilisateurs veulent bien payer, soit comme locataires, soit comme acquéreurs. Fondamentalement, ce sont les utilisateurs qui font les prix du logement. Si ceux-ci sont actuellement élevés, c'est parce que les acquéreurs peuvent les payer grâce à un endettement bon marché.

Si les prix actuels sont élevés alors que les loyers sont restés stables, c'est que le taux d'actualisation a diminué. Les mécanismes évoqués montrent aussi pourquoi la hausse des prix a été essentiellement absorbée par les prix fonciers, ce qui les a conduits à connaître une croissance bien plus considérable que celle des prix immobiliers eux-mêmes.

Tout cela explique les relations entre les prix des loyers, des logements et les coûts de production, mais ne dit rien sur la relation entre les prix et les quantités. Il est nécessaire de s'y intéresser dès lors que la notion de pénurie concerne les quantités.

Relation entre prix des logements et quantité

L'idée que la hausse des prix des logements est imputable à un déficit des quantités repose sur un mécanisme économique qu'il faut examiner.

Il est assez habituel de considérer que l'accroissement de l'offre d'un produit conduit à une baisse de son prix. Ce phénomène n'est avéré que si l'augmentation de la production génère une baisse des coûts unitaires, c'est-à-dire si produire plus coûte moins cher à l'unité de bien produit. Si ce n'est pas le cas, l'augmentation de la production conduira à un accroissement du prix. Dans le cas des produits manufacturés il est avéré que produire davantage baisse les coûts unitaires et donc les prix. Par exemple produire 100000 voitures coûte, par voiture, moins que la production de 50000 voitures. Cette situation se rencontre dans la production de biens manufacturés parce qu'elle implique des coûts fixes importants. En ce qui concerne les voitures il s'agit notamment du coût de développement des modèles et du coût des chaînes d'assemblage des véhicules. Amortir ces coûts fixes sur davantage de volume permet de diminuer les coûts unitaires. C'est ce qu'on appelle des économies d'échelle dans la production des biens industriels.

Il n'en est pas de même en matière de production de logements. Cette dernière s'effectue par chantiers qui sont reproduits à chaque fois avec des coûts assez semblables, hors le coût foncier. Il n'y a peu d'économie d'échelle en matière de logement. D'ailleurs l'accroissement de la production ne génère pas de gains de productivité significatifs comme dans la production de biens manufacturés. Produire plus ne fait donc pas baisser les coûts. Par ailleurs, comme, en cas de hausse des prix, la demande de foncier s'accroît, il faut s'attendre à ce que les prix fonciers augmentent également.

Un accroissement de production ne ferait pas baisser les prix. Construire 500000 logements par an ne conduirait pas nécessairement à une baisse des prix. Inversement une moindre production ne les fait pas augmenter.

Comment l'abondance peut donner une impression de pénurie

Les logements actuellement en France sont en quantité abondante. Et pourtant les ménages peuvent ressentir une impression de pénurie et transmettre cette impression aux politiques. La raison est que les logements sont tous différents, ou comme disent les économistes, sont des biens hétérogènes. Etant différents ils sont de désirabilité différente. Il en existe de très désirés qui font l'objet de la demande d'un grand nombre de ménages. D'autres sont moins attractifs. Pour obtenir les plus désirés, les ménages surenchérissent les uns sur les autres. Les logements sont finalement alloués à ceux qui offrent le prix le plus élevé. Mais les plus attractifs ne sont pas suffisants pour satisfaire tous les demandeurs potentiels. Dès lors, les ménages insatisfaits peuvent imputer leur insatisfaction à l'existence d'une pénurie des logements qu'ils désirent le plus.

Parmi les facteurs de différenciation des logements, l'un des premiers est la localisation. Certaines localisations sont plus attractives que d'autres. C'est souvent le cas des zones centrales des grandes agglomérations et notamment le cas de Paris, ou au moins d'une partie de Paris, dans l'agglomération parisienne. Beaucoup de Franciliens désireraient sans doute habiter Paris, mais ce n'est pas possible pour tous. Le marché est le mode d'allocation le plus économique avec son système d'enchères où les biens les plus désirés sont attribués au plus offrant.

Une autre conséquence du caractère hétérogène des logements est qu'on ne peut en consommer qu'un à la fois. S'il y a un excès d'offre, les ménages ne peuvent pas se répartir l'excédent pour le consommer en plus du logement qu'ils occupent déjà. Seul un partage du temps d'occupation est possible. Pour une occupation durable, il faut déménager. L'abondance de logement est donc en large partie invisible en dehors des statistiques, parce que les logements désirables sont perçus comme insuffisamment nombreux.

L'abondance de logements qu'on a fait observer permet une certaine sélectivité par les ménages. Dans cette situation en effet le comportement des ménages est différent de ce qu'il est en situation de pénurie, comme celle que l'on a connue jusque dans les années 70. Dans ce cas, on ne choisit pas, on prend le premier logement qu'on trouve, parce qu'on est satisfait d'en avoir obtenu un. En situation d'abondance, les ménages peuvent opérer un choix. Les logements ne sont donc pas tous également désirés ou demandés. Il s'opère ainsi un classement des logements selon leur désirabilité. Face aux logements les plus désirables, en quantité limitée, les ménages sont en concurrence. Cette concurrence peut générer des files d'attente comme dans le cas des HLM ou une surenchère.

La situation est différente pour les biens manufacturés. Même un produit de luxe peut être acquis par un ménage à revenu moyen dès lors qu'il réunit assez de revenus pour l'acquérir. Le bien peut être produit en quantité suffisante pour n'importe quel niveau de demande. Ce n'est que par une volonté délibérée du producteur que certains biens manufacturés, comme certains téléphones mobiles, sont rationnés pour faire apparaître une pénurie artificielle et générer des files d'attente. Le prix de ces biens est d'ailleurs très largement supérieur à leur coût.

Sur le marché des logements, il ne suffit pas de réunir des moyens financiers dans l'absolu, il faut disposer en davantage que les autres compétiteurs pour le logement désiré. Bien entendu, faute d'accéder à ce logement, le demandeur évincé par les autres se rabattra sur un autre logement classé à un rang inférieur dans ses préférences. Il peut avoir ainsi l'impression d'une pénurie dès lors qu'il n'obtient pas le logement qu'il visait. Cette pénurie n'est que relative tant qu'il peut trouver un autre logement. On conçoit aussi que cette force des marchés soit largement incoercible, parce que c'est nous, les consommateurs, qui en sommes les vecteurs.

Notons aussi que l'abondance de logement est un facteur de différenciation sociale. Actuellement les ménages peuvent opérer un choix. Donc ils changent de logement dès qu'ils peuvent améliorer leur situation. Inversement, la pénurie est davantage un facteur de mixité sociale. Dans le cas d'une crise quantitative, comme dans les années 70, on prenait le premier logement vacant, avec une moindre considération de sa qualité et de son environnement, notamment social. Par ailleurs, ayant un logement, on hésitait à en changer pour améliorer sa situation de crainte de ne pas en retrouver aisément un autre. Le résultat de ces comportements était une mixité sociale plus accentuée.

Un autre fait qui est souvent avancé pour illustrer une supposée pénurie de logements est la demande de logements HLM. Elle constituerait la manifestation de la difficulté des ménages à se loger décemment à des conditions de coût supportables.

La signification de la demande de logements HLM

En 2013, selon l'Enquête Nationale Logement, il y a 1,424 million demandes en instance, dont 51,7% émanent de personnes déjà logées en HLM. Le nombre de demandeurs n'est donc pas l'expression d'une pénurie quantitative équivalente. Ces deux nombres manifestent une inadéquation qualitative de l'offre HLM à la demande. Une autre manifestation de cet état de fait est révélée par l'importance du nombre de refus par les ménages des propositions de logement HLM qui leur sont faites par les organismes. Ce phénomène est signalé dans les rapports de la Mission Interministérielle d'Inspection du Logement Social, la Miilos, désormais fusionnée avec l'ANPEEC, l'Agence nationale pour la participation des employeurs à l'effort de construction, pour former l'ANCOLS, l'Agence Nationale du Contrôle du logement social[4].

Le rapport 2013 de la Miilos expose : « Le refus de logement par le demandeur après passage en commission, phénomène constaté depuis quelques années, s'accentue. Pour certains organismes, il dépasse les 50%, sans que les causes de refus soient toujours connues. Un organisme qui a procédé à cette analyse constate dans 62% des cas une absence de réponse des demandeurs à la proposition de

[4] Tous ces rapports sont publics, accessibles sur le site de l'ANCOLS.

logement. Lorsque les motifs de refus sont exprimés, c'est la localisation et la nature du logement qui viennent en tête. Cela explique partiellement le nombre de demandes en délai anormalement long. Pour cet organisme, 40% des demandes anciennes ont déjà fait l'objet d'une proposition d'attribution de logement refusée par le demandeur ».

Le rapport 2012 de la même Miilos est encore plus explicite. Il relève que : « l'augmentation du nombre de refus est significative, avec des écarts de comportements des demandeurs très nets entre secteurs tendus et secteurs détendus ; les refus concernent majoritairement une offre de moindre qualité, mais ils se développent désormais sur certains programmes neufs a priori très attractifs ; les ménages refusant une offre de logement répondant à leur besoin présentent des profils variés et comprennent un public potentiellement prioritaire selon les critères du Droit au logement opposable, le DALO, (ménages hébergés ou sans logement) ; la démarche visant à déposer une demande peut s'inscrire dans une logique de long terme et d'opportunité, soit par un ciblage extrêmement précis (pavillon situé dans un secteur déterminé) ou une localisation souhaitée pour un projet de vie (par exemple choix d'un site attractif pour y demeurer dans le cadre d'une retraite) ».

Ce que révèlent ces observations sur la demande HLM est que le logement HLM n'est que rarement pour les demandeurs la seule possibilité de se loger décemment à des conditions financières supportables. Même, certains de ceux auxquels est censé être prioritairement destiné le logement social, c'est-à-dire les ménages qui sont dans une situation de logement particulièrement difficile et qui déposent une demande au titre de leur Droit au logement opposable, refusent le logement qui leur est proposé. Ils ont donc au moins une solution alternative à leur problème.

Le logement HLM constitue donc davantage un choix de logement possible parmi d'autres qui, par définition, sont dans le secteur privé. On trouve là l'illustration à la fois de l'abondance quantitative de l'offre et de son hétérogénéité. Le secteur HLM constitue une composante qualité/prix de l'offre de logements qui ne l'emporte même pas systématiquement sur les autres choix possibles. Il existe une partie du parc HLM dont la localisation ou le niveau de prestation ne supporte pas la concurrence avec le parc privé, même en prenant en considération le niveau de loyer. Ce fait est aussi révélateur de l'hétérogénéité interne du secteur HLM. En première approximation il peut être considéré comme constitué de deux sous-ensembles : d'une part, les logements le plus souvent en grands ensembles dans la périphérie des agglomérations, grandes et, mais aussi moins grandes. ; d'autre part ceux mieux situés, souvent plus récents, et qui constituent des ensembles de taille plus modeste. Certains de ces ensembles peuvent être très attractifs quand ils sont situés dans le centre des agglomérations et sont proposés à des niveaux de loyers très sensiblement inférieurs à ceux des logements privés avoisinants.

La demande de logements HLM de la plupart des ménages n'exprime rien d'autre que le fait qu'étant le plus souvent déjà logés, ils cherchent un logement qui les satisfait davantage. Economiquement parlant, un logement HLM est un logement présentant des caractéristiques un peu différentes de celles des logements du secteur privé et qui est proposé à la location à un niveau de prix en principe inférieur au prix de marché du fait de l'aide publique. Les logements HLM sont donc comme des vêtements soldés. Ils font toujours l'objet d'une demande qui peut se manifester par une forte affluence. Une petite fraction des demandeurs ne peut pas se vêtir ou se loger avec des produits non soldés. Pour la grande majorité, il s'agit de trouver ce qu'ils ne s'offriraient pas à un prix non soldé ou plus généralement de s'offrir les mêmes produits, mais à un moindre prix.

Une autre manifestation de pénurie de logements quelquefois évoquée est la présence de sans abri et de mal-logés.

Le mal-logement n'est pas dû à une pénurie de logements

Depuis plusieurs années la Fondation Abbé Pierre attire l'attention du public en publiant annuellement un rapport sur le mal-logement. Observons d'abord que le nombre de mal-logés dépend de la définition que l'on en donne. Cette définition est subjective ou politique. En tout cas, elle n'a pas à être fournie par l'économiste qui se veut scientifique. On conçoit que, plus la définition du mal-logement est extensive, plus le nombre de mal-logés est élevé. La seule règle qui doit être observée est d'éviter les doubles comptes, c'est-à-dire par exemple d'ajouter aux mal-logés par les caractéristiques du logement, les mêmes mal-logés définis par leur avis sur leur logement.

Là où commencent les propos contestables, c'est quand ce chiffrage des mal-logés est transcrit en besoins en logement. Il faut d'abord s'interroger sur le point de savoir si ces besoins trouvent une expression dans la demande. Etant mal-logé, cherche-t-on un autre logement ? Si ce n'est pas le cas, l'offre de logements risque de ne pas conduire à une amélioration de la couverture des besoins. En second lieu, à supposer qu'il faille de nouveaux logements, la rationalité économique commande de satisfaire ces besoins d'abord par les logements existants. Il est très contestable de réclamer la construction de 500000 logements par an quand il y a près de 3 millions de logements vacants.

Pour reprendre la comparaison avec le marché du travail, se focaliser sur les demandes potentielles de logement émanant des mal-logés sans voir l'offre de logement excédentaire consisterait à ne voir que les demandes de travail non satisfaites, c'est-à-dire les offres d'emploi non satisfaites, sans voir les offres de travail non satisfaites, c'est-à-dire les chômeurs. Or il y a bien, selon Pôle emploi, 190 000 offres d'emploi non satisfaites. L'existence d'un nombre significatif de demandes de travail non satisfaites n'empêche pas qu'il y ait sur ce marché un excédent d'offres, comme l'existence de sans-abri et de mal-logés n'empêche pas qu'il y ait excès d'offre de logement. Ni les emplois ni les logements ne sont homogènes. Ils ne sont donc pas parfaitement substituables. L'existence simultanée d'un excès d'offre et de demande résulte de cette caractéristique, mais peut s'interpréter aussi comme une défaillance de marché. Elle justifie une intervention publique, mais d'une autre nature que le soutien à une offre nouvelle. Il s'agit bien plutôt d'améliorer les conditions de la rencontre entre l'offre et la demande comme le font les associations qui aident à l'insertion, précisément comme le fait la Fondation Abbé Pierre.

Les caractéristiques du marché peuvent donc conduire à une impression de pénurie alors même qu'il y a abondance. Mais l'analyse qui est souvent faite du marché est aussi fondée sur des faits et des données partielles qui conduisent à une vision déformée de la réalité.

Des analyses basées sur des données partielles

L'évocation de la situation du marché du logement est quelquefois faite en mobilisant des faits avérés. Mais certains d'entre eux sont sortis de leur contexte, ce qui conduit à une interprétation biaisée ou erronée. Par exemple, dans le dossier de presse du 29 octobre 2013 de présentation de la loi ALUR, il est fait état du niveau des loyers à Munich et à Paris : « Ainsi, en 2012, à Munich, ville allemande où le prix des logements est le plus haut, les loyers s'établissaient en moyenne à 9€/m2 alors qu'ils s'élevaient à 24€/m2 à Paris, près de 18€/m² en Île-de-France, ou encore un peu plus de 14€/m² à Nice (moyenne constatée sur l'ensemble du territoire français : 12,5€/m² en 2011) ». La source des données n'est pas indiquée.

Observons d'abord que l'indicateur de loyers au m² n'est fiable que si le mode de calcul des m² est le même et que si les prestations, la qualité et les coûts pris en considération sont les mêmes. Ce n'est donc qu'un indicateur imparfait des disparités de prix des loyers entre pays. Or, on dispose par Eurostat d'une information sur le niveau général des loyers en Europe et notamment en France et en Allemagne mesuré à partir des parités de pouvoir d'achat. Il apparaît que les loyers plus les charges sont, en 2012, globalement supérieurs en France de 7% à leurs équivalents allemands[5]. On est loin de l'écart de loyers entre Paris et Munich. Mais en outre les prix de l'ensemble des biens de consommation sont en France supérieurs de 7% à ceux de l'Allemagne. Autrement dit, la différence du prix des loyers est l'expression de la différence générale de prix. La seule conclusion à laquelle peuvent conduire les données du dossier de presse est que les différences de loyer à l'intérieur du territoire français sont vraisemblablement plus accentuées qu'en Allemagne. Une des explications peut être l'organisation spatiale plus centralisée en France qu'en Allemagne.

Les dimensions du logement sont multiples et les situations hétérogènes. La masse des données disponibles est donc considérable. On peut donc toujours extraire des

[5] Pour des développements plus complets voir « France Allemagne : le logement », www.economieimmobiliere.com

données sorties de leur contexte à l'appui de n'importe quel point de vue.

Dans le même ordre d'idée, chacun a une information sur le marché du logement par son expérience. C'est en particulier le cas des professionnels de l'immobilier. Mais aucun d'entre eux ne peut avoir individuellement une vision globale du marché parce qu'aucun n'a un poids significatif dans l'ensemble du secteur. Par exemple un des premiers producteurs français de logement déclare produire 10000 logements par an. Globalement, il se produit plus de 300000 logements. La production de ce groupe ne représente donc qu'un peu plus de 3% de l'ensemble de la production. Sur la seule base de l'observation de son activité, ce poids ne permet pas d'appréhender l'état quantitatif du marché ni son évolution. C'est encore plus significatif au niveau des agences immobilières dont le domaine d'intervention est géographiquement très limité.

Il faut donc passer par l'observation statistique. En France on dispose des données de la statistique publique en matière de logement parmi les plus complètes d'Europe. Ces données sont produites par deux services publics, l'Institut National de la Statistique et des Etudes économiques (INSEE), qui est bien connu, et le service de la Donnée et des Etudes Statistiques qui relève du Commissariat Général au Développement Durable[6]. Ce service qui s'appelait jusque récemment Service d'Observation et de Statistiques, SOeS, est sans doute moins connu. C'est notamment ce service qui élabore les Comptes du logement, lequel constitue un compte satellite de la comptabilité nationale. Ces services statistiques produisent une masse de données selon les méthodes les

[6] A ne pas confondre avec le Conseil Général du Développement Durable, qui est l'ancien conseil général des ponts et chaussées et exerce des missions de contrôle et d'analyse.

plus élaborées, mises en œuvre par des professionnels indépendants, le plus souvent formés à l'Ecole nationale de la statistique et de l'administration économique, l'ENSAE. Le caractère public de ces services leur permet d'avoir accès à toutes les données publiques disponibles. C'est le cas en particulier en matière de logement pour les données fournies lors d'actes administratifs comme les demandes de permis de construire et les données fiscales qui alimentent la base Filocom.

Le caractère public de ces organismes leur permet également de collecter des données sur la base d'enquêtes spécifiques et obligatoires avec des moyens sans commune mesure avec ceux déployés par les sociétés privées. C'est le cas notamment des enquêtes sur la commercialisation des logements neufs, des enquêtes annuelles d'entreprise et des enquêtes loyers et charges. Indiquons que les données issues de ces enquêtes sont globalement accessibles gratuitement par internet sur les sites respectifs de ces services de statistiques. Dans le cas de ces enquêtes obligatoires, la base d'information est constituée de manière spécifique pour fournir les données recherchées. Elles correspondent le mieux possible à ce qu'il est souhaitable de connaître sur un thème donné. Cela fait une différence sensible avec les données issues d'informations collectées avec une autre finalité que statistique, par exemple celles collectées à l'occasion de prestations commerciales.

A côté de ces services publics, les milieux professionnels se sont organisés pour produire des données ou pour en collecter, quelquefois en coopération avec la statistique publique. Ainsi les promoteurs contribuent à la collecte de l'information de l'Enquête sur la Commercialisation des logements neufs et les notaires élaborent conjointement avec l'INSEE l'indice du prix des logements anciens. Certaines organisations professionnelles et organismes privés produisent des statistiques en toute autonomie que l'on retrouve souvent évoquées dans les médias, comme l'indice des loyers produit par l'observatoire Clameur.

Les données statistiques privées peuvent poser un problème. D'abord elles ne sont pas toujours produites sur une base conceptuelle claire ou satisfaisante. En l'absence d'une telle base, l'interprétation des données est délicate. Cette difficulté est particulièrement présente dans le domaine du logement. Par exemple quand on parle de l'évolution des loyers, quelle notion de loyers veut-on mesurer ? S'agit-il de l'évolution de l'indice du prix des loyers, qui est un indice de prix, qui se mesure comme l'évolution des loyers d'un même ensemble de logements, sans modification de nombre ni de qualité. Ou s'agit-il de l'évolution des loyers moyens, qui est une dépense et qui résulte à la fois de l'évolution de l'indice du prix des loyers et du volume moyen de service du logement ? La différence est importante parce le prix est une donnée de marché que le demandeur ne maîtrise pas dans un marché concurrentiel, alors que le loyer moyen résulte aussi du volume de logement consommé, lequel relève du choix du ménage. Dès lors une éventuelle intervention publique pour faire évoluer ce chiffre ne mobilisera pas les mêmes instruments.

En second lieu, les données statistiques privées ne sont pas nécessairement produites avec la mobilisation des mêmes moyens. Ainsi, une société d'études de marché a mené une enquête pour un site d'annonces immobilières en avril 2014. Elle donnait le taux de personnes consacrant plus de 50% de leur revenu pour se loger, sous forme de loyers ou d'annuités des emprunts et charges. Dans cette enquête 33% des ménages déclarent que leurs dépenses représentent plus de 50% de leurs ressources[7]. En 2015, ils seraient encore 24% à y consacrer plus de la moitié. On peut déjà se demander comment en un an ce chiffre a pu baisser de manière aussi sensible quand les revenus et des loyers ont peu évolué. Mais le niveau de ces nombres pose problème. On dispose en effet par ailleurs d'une source publique qui est l'enquête sur les revenus et les conditions de vie des ménages (dispositif SRCV) menée par l'INSEE et centralisée par Eurostat. Elle donne le taux de ménages en surcharge de dépenses de logement, définis comme ceux consacrant plus de 40% de leur revenu pour se loger. Ce taux devrait être supérieur au précédent puisque le taux d'effort de référence est inférieur. Or les données SRCV pour la France donnent un taux de ménages en surcharge de logement de 5,1%. Pour information ce taux est un des plus faibles d'Europe occidentale, notamment inférieur de 10 points à celui de l'Allemagne. L'écart entre les chiffres issus des deux enquêtes est considérable et interroge sur la qualité de l'une d'elles. L'enquête privée porte sur 1000 personnes représentatives de la société française interrogées par internet. L'enquête SRCV porte sur 12000 ménages, l'échantillon étant renouvelé par tiers et chaque ménage étant suivi 9 ans. L'enquête SRCV est réalisée en face à face. Le temps que chaque interviewé aura passé pour répondre est lui aussi différent. En définitive les moyens déployés dans l'enquête SRCV et dans celle de l'institut de sondage sont sans commune mesure. On ne peut pas s'attendre à la même qualité des résultats dans les deux cas.

Une autre illustration du décalage entre la réalité des conditions de logement et leur perception par les ménages est signalée par des statisticiens de l'INSEE. Ils écrivent :

---

[7] http://www.challenges.fr/finance-et-marche/20140408.CHA2470/un-tiers-des-francais-consacre-plus-de-la-moitie-de-son-revenu-a-son-logement.html

« on constate en effet un écart entre la qualité mesurée du logement et la perception qu'en ont les ménages. La croissance objective du confort ne les a pas conduits à ressentir une croissance comparable du mieux-être. Alors que, par exemple, la surface moyenne par habitant s'est significativement accrue de 1996 à 2006 (de près de 5 m²), la proportion des ménages estimant leur logement trop petit n'a pas sensiblement changé. De même, les progrès réguliers depuis plus de vingt ans dans l'isolation des logements ne semblent pas modifier l'impression qu'ont les ménages d'occuper un logement difficile à chauffer (et donc inutilement coûteux). Ainsi, l'accroissement du coût du logement a d'autant plus tendance à être ressenti comme une pure inflation que l'élévation de la qualité du bien est minorée »[8].

Bien que globalement de moins bonne qualité, les données de sources privées sont largement diffusées dans les médias à qui elles sont souvent envoyées systématiquement. Les données de l'INSEE par exemple sont plus difficilement accessibles. Quand on tape « indice des loyers INSEE » dans un moteur de recherche sur Internet, on trouve quasi exclusivement des liens correspondant à l'indice de référence des loyers (IRL). C'est l'indice utilisé pour l'indexation légale des loyers qui, par conséquent, ne retrace pas l'évolution effective des loyers. Quand on cherche un indice des loyers effectifs, il est plus facile pour une personne non informée d'utiliser par exemple l'indice Clameur que d'aller chercher la série chronologique de l'identifiant 1763980 dans la banque de données des indices de prix de l'INSEE. La mobilisation de données de sources privées est en revanche plus surprenante de la part d'une ministre du

---

[8] Accardo et Bugeja, « Le poids des dépenses de logement depuis 20 ans », Cinquante ans de consommation en France, INSEE Références, Edition 2009 http://www.insee.fr/fr/ffc/docs_ffc/ref/CONSO09d.PDF

logement dont ce sont les propres services qui produisent les statistiques de logement.

La mobilisation de données douteuses peut conduire à des analyses erronées. La plupart des commentateurs de la crise évoque l'envolée des loyers. Par exemple le rapport 2015 de la fondation Abbé Pierre évoque l'observatoire Clameur qui « estime que les loyers de marché ont crû de 52% entre 1998 et 2014, alors que l'indice des prix à la consommation, sur la même période, a augmenté presque deux fois moins vite (+ 28%) ». En réalité les chiffres de l'INSEE indiquent que l'indice du prix des loyers n'a augmenté sur la période que de 7 points de plus que l'inflation. Faute d'utiliser une information fiable, l'analyse passe à côté du fait majeur de la décennie qui est la divergence entre l'évolution des prix et celle des loyers.

Les statistiques privées sont donc à considérer avec précaution. En outre, comme l'information est une variable stratégique, il est nécessaire d'être circonspect face à celle produite par des organismes ayant un intérêt économique connecté à cette information. Ceci ne signifie pas qu'elles ne présentent aucun apport. Elles présentent notamment un intérêt quand elles fournissent de l'information sur des champs non couverts par la statistique publique. C'est le cas en particulier des données locales. On n'a d'indice de prix des logements (anciens) que pour les plus grandes agglomérations et l'ensemble de la province. On n'a d'indice de prix des loyers qu'aux niveaux nationaux, de l'Ile-de-France et pour l'ensemble des grandes agglomérations dont la publication s'est d'ailleurs arrêtée. Des compléments locaux seraient nécessaires, mais devraient être produits avec la qualité INSEE.

Même quand ce sont les statistiques publiques qui sont mobilisées, elles ne sont pas toujours correctement maîtrisées. Un exemple en est fourni par l'évocation du prix des logements neufs par une grande société de conseil qui publie un rapport annuel sur les marchés du logement en Europe. Le rapport 2013 indique que le prix des logements neufs en France est un des plus élevés d'Europe et cite le chiffre de 3500€/m², issu de la statistique publique. Or ce chiffre est celui du prix des seuls appartements neufs. C'est le seul prix au m² publié par le ministère. Il ne prend pas en compte le prix des maisons. Celles-ci représentent pourtant plus de 50% de la production de logements, qu'elles soient produites par un promoteur ou réalisées à l'initiative d'un ménage. Il n'est d'ailleurs pas impossible d'en estimer le prix en exploitant les autres données. On peut chiffrer le prix moyen pondéré des logements neufs en France à 2500€/m² en 2011, c'est-à-dire sensiblement inférieur au prix des seuls appartements[9]. Ceci fait baisser singulièrement le rang de la France dans le classement des pays européens, pour autant que leurs prix soient correctement estimés.

Cette erreur de mesure conduit à surestimer le prix des logements en France, ce qui contribue à soutenir l'idée qu'il est cher, plus cher que dans les autres pays d'Europe, et que cette cherté est due à la pénurie.

Une autre illustration d'un raisonnement erroné fondé sur des faits inexacts est l'analyse du rôle du prix du logement dans l'éventuelle différence de compétitivité entre la France et l'Allemagne qui serait due à la différence de coûts de main-d'œuvre[10]. On évoque notamment un poids des dépenses de logement dans le budget des ménages qui serait plus élevé en France qu'en Allemagne. On dispose de données les plus comparables possibles entre les pays européens fournies par Eurostat, le service statistique de l'Union européenne. En 2014 le taux

---

[9] Cf. « Quel est le prix des logements neufs en France ? », www.economieimmobiliere.com

[10] Interview de Louis Gallois au journal Le Monde du 5 mars 2013.

d'effort médian, c'est-à-dire celui en dessous duquel se trouve la moitié de la population est de 21,6% en Allemagne et de 12,7% en France. La situation réelle est donc l'inverse de celle évoquée. Ce résultat s'explique notamment par la différence des statuts d'occupation des logements dans les deux pays. La France compte 40% de ménages propriétaires dégagés des charges de remboursement de prêts, l'Allemagne en compte beaucoup moins. La France compte 17% de ménages locataires de logements à loyers réduits, le secteur social, l'Allemagne beaucoup moins. Par ailleurs la France compte un quart de ménages bénéficiant d'une allocation de logement, l'Allemagne en compte très peu.

Les faits étant l'inverse de ce qui est supposé être, l'analyse qu'on en tire ne peut être qu'erronée.

L'information est donc quelquefois inexacte par mobilisation de données partielles ou douteuses. Mais quand l'information est correcte, encore faut-il l'accepter comme telle et en tirer des conclusions. Or il y a une certaine tendance au déni de réalité.

Un certain déni de réalité

On en a une manifestation lors de la crise des années 2008-2009. Après une longue période de hausse commencée à la fin des années 90, les prix ont connu une contraction sensible à partir du 1er trimestre 2008. Or cette chute des prix n'a pas été immédiatement visible dans les statistiques de prix d'une fédération d'agents immobiliers. Le délégué général de cette organisation reconnaissait un peu plus tard dans une interview à un média que cette information était « en décalage avec la réalité ». Il aurait d'ailleurs payé le prix de son aveu par un départ forcé.

La seconde illustration est le licenciement du directeur d'un observatoire de l'immobilier pour diffusion de données « dont la tonalité générale trop négative, en décalage par rapport au discours général volontariste de relance, préjudiciable à la notoriété de [l'établissement] »[11]. Les données en question indiquaient que les opérations d'investissement locatif privé défiscalisées pourraient difficilement être absorbées par le marché dans certaines agglomérations. Peut-être que si on avait diffusé cette information, on aurait évité les situations où ces logements n'ont pas trouvé de locataires, et où les propriétaires n'ont pas pu bénéficier de la défiscalisation. Endettés pour financer ces opérations, ils ont été dans l'incapacité de faire face à leurs engagements. Le bilan de ce surinvestissement a été dressé par Erwan Seznec dans son ouvrage sur la ruine à laquelle ont été conduits certains des ménages ayant investi dans la perspective de cette défiscalisation, notamment dans le Sud-Ouest[12]. Leur investissement a perdu considérablement de valeur quand il n'est pas tout simplement invendable et sans locataire possible.

Le déni de réalité n'est pas nécessairement la manifestation de la volonté de travestir la réalité, mais s'inscrit aussi dans une logique où on ne préfère ne pas voir une réalité gênante plutôt que de l'affronter. C'est dans cette logique que sont utilisées des données contestables, mais qui confirment le discours de pénurie. On a une autre illustration de cette attitude quand le rapport sur la politique du logement commandé aux trois inspections générales des ministères concernés, l'Inspection Générale des Finances, le Conseil Général du Développement Durable et l'Inspection Générale des Affaires Sociales, n'est pas publié[13]. Sans doute était-il perçu comme trop critique de la politique du logement.

---

[11] Journal Le Monde du 11/11/2009.

[12] « Ruinés… le plus grand scandale immobilier de l'après-guerre », Seuil 2013.

[13] Mais il a fuité dans la presse, cf. Les Echos du 29/01/2015.

D'ailleurs, la lettre de mission envoyée par la ministre de l'époque indiquait que « la France connaît toujours une crise du logement » alors que la situation effective était déjà celle d'une abondance de logements.

Le discours de pénurie fait consensus

Le discours de pénurie est partagé par le MEDEF, l'Union Sociale pour l'Habitat (USH), la fédération française du bâtiment (FFB), et la Fondation Abbé Pierre. Chacun le comprend dans le sens qui lui convient. La fondation Abbé Pierre observe qu'il y a un certain nombre de mal-logés et en conclut qu'il manque de l'ordre du million de logements. L'USH qui fédère les organismes HLM constate qu'il y a une demande non satisfaite de logements HLM et en conclut qu'il manque de logements HLM. Quant aux professionnels de la construction et de l'immobilier, ils ne peuvent que se satisfaire d'un discours qui assure un soutien des pouvoirs publics à leur activité.

On a vu qu'il n'y avait pas de pénurie de logements. Mais ce discours évite de se poser la vraie question qui résulte de l'hétérogénéité des logements. Si quantitativement il y a, non pas assez, mais plus de logements que nécessaire pour loger toute la population, qualitativement ils ne font pas l'objet de la même intensité de la demande. La question n'est pas : peut-on loger tous les résidents en France ? La question est de savoir comment allouer le parc existant aux résidents. C'est-à-dire qui doit habiter où ?

Qui doit habiter où ?

Revenons sur le cas parisien qui est une bonne illustration de la manière d'ignorer le vrai problème. Selon une idée couramment émise, il manque de logements à Paris. Qu'est-ce que cela signifie ? Cette idée fait référence implicitement à la situation inverse où il ne manquerait pas de logements. A quoi correspond une telle situation ? On peut avancer que c'est celle où tous les ménages qui le désirent habiteraient Paris. Ce sont vraisemblablement des ménages franciliens. Mais une telle situation est-elle possible ? Peut-on loger à Paris tous ceux qui le désirent ? La réponse est clairement négative. Ce n'est pas possible parce que Paris est une ville déjà très densément peuplée qui ne peut pas accueillir tous ceux qui le désirent. Paris est exceptionnellement dense avec 210 habitants à l'hectare contre 86 pour la petite couronne et 10 pour l'ensemble de l'Ile de France. Le centre de l'agglomération parisienne, c'est-à-dire Paris plus la petite couronne, a une densité moyenne comparable à celle d'Inner London soit 101 habitants/ha. Mais Paris intramuros a une densité bien supérieure au quartier le plus dense de Londres, celui d'Islington, qui n'a que 140 habitants à l'hectare.

Dès lors la vraie question est : qui doit habiter Paris ? Il est beaucoup plus facile d'obtenir un consensus sur « il manque des logements à Paris » que sur la réponse à « qui doit habiter Paris ? ». Avec la première assertion, chacun peut considérer qu'il a des chances d'obtenir un logement à Paris quand on en construit. Avec la seconde, il faut identifier des critères qui permettront d'établir un classement définissant des priorités, c'est-à-dire permettant de classer certains demandeurs avant d'autres ce qui, de fait, conduira à empêcher certains d'habiter Paris. Avec un débat sur cette question, le consensus serait plus difficile à trouver.

La réponse de l'économiste à la question posée est la suivante. Il y a deux manières d'allouer un bien rare. La première est l'allocation par le marché, c'est-à-dire dans le cas de biens hétérogènes, en l'allouant au plus offrant selon un mécanisme d'enchères. C'est fondamentalement la manière dont sont alloués les biens immobiliers. L'allocation effective dépend de l'intensité des goûts des demandeurs et de l'importance de leurs moyens financiers. A moyens financiers identiques, celui qui désire le plus un logement l'emportera, parce qu'il sera disposé à payer plus cher. L'allocation effective dépend aussi des capacités financières. A goûts identiques, celui qui dispose de la capacité à payer la plus élevée emportera un logement désiré par plusieurs. Quand la capacité à payer dépend de l'emprunt, comme c'est le cas le plus courant, elle réside finalement dans la capacité à s'endetter.

L'autre manière d'allouer les biens immobiliers est l'allocation régulée ou administrative. C'est celle qui est à l'œuvre dans le secteur HLM. Dans le cas de Paris, l'allocation régulée passe par le secteur HLM ou par des instances publiques propriétaires de logements locatifs comme le secteur public de santé, l'Assurance publique hôpitaux de Paris, l'APHP. Les logements sont alloués aux demandeurs par une commission qui opère un choix de manière discrétionnaire parmi les personnes remplissant certaines conditions d'accès. L'allocation discrétionnaire des logements sans explicitation des critères effectifs permet ainsi à chacun d'espérer accéder à un logement.

Une gouvernance locale du logement inadaptée

Pourquoi pose-t-on le problème du logement à Paris ? Parce qu'il existe une institution, la commune de Paris, qui a une certaine compétence en matière de logement. Dotée de cette compétence, la municipalité s'interroge légitimement sur la politique à mener sur son périmètre et seulement sur son périmètre. Le problème est que ce périmètre n'est pas pertinent pour le traitement de la question du logement. En effet la capitale ne constitue pas un marché du logement. Elle n'est ni homogène ni indépendante du reste de l'agglomération. Elle est le centre d'un marché bien plus vaste, qui inclut au minimum la petite couronne, mais s'étend au-delà. Le marché du logement est plutôt francilien, parce que c'est dans ce périmètre que les ménages peuvent opérer une certaine substitution dans leur choix de logement. Cela ne signifie pas que tous les ménages arbitrent entre tous les logements de l'agglomération parisienne, cela signifie qu'ils arbitrent entre des logements dont l'ensemble constitue le marché du logement de la région parisienne. La compétence logement ne doit donc pas être seulement élargie au Grand Paris, parce que le marché ne se limite pas à Paris plus la petite couronne, mais plutôt à la Région Ile-de-France. Observons que le transport qui contribue assez largement à définir le périmètre du marché du logement relève de manière plus pertinente de la région Ile-de-France, même si la commune exerce aussi des prérogatives en matière de déplacements, là aussi à un niveau non pertinent.

Ce problème d'inadéquation des périmètres de décision en matière de politique du logement avec le marché est un problème général pour l'ensemble de la France. Poser le problème du logement à un niveau géographiquement trop fin, jusqu'à la commune, pour les permis de construire par exemple, ne peut que conduire à soulever la question de la quantité de logements à un niveau qui n'est pas pertinent. Le niveau pertinent est celui des bassins d'habitat, périmètres tombés en désuétude quand précisément ont été territorialisées les aides au logement sur la base du découpage administratif[14].

En posant la question du logement au niveau géographique qui correspond au marché, les autorités territoriales auraient une vue d'ensemble qui leur permettrait d'apprécier l'équilibre quantitatif et qualitatif du marché ou son déséquilibre. Elle leur permettrait aussi

[14] Voir l'article « bassin d'habitat » dans le dictionnaire de l'habitat en ligne sur le site www.politiquedulogement.com

de traiter la question de la répartition de la demande sur l'ensemble du marché et pourrait effectuer les arbitrages entre le centre de l'agglomération, en général plus demandé, et sa périphérie.

En définitive, beaucoup de facteurs institutionnels, d'intérêts économiques, d'analyses superficielles contribuent à ce que le diagnostic sur l'état du marché du logement soit erroné. Après avoir corrigé le diagnostic, il faut compléter l'analyse en examinant la place du logement dans l'économie et la société. En particulier si la hausse des prix des logements n'est pas due à une pénurie, à quoi est-elle due ? Une autre histoire est à raconter.

En second lieu, comme la politique du logement est fondée sur ce diagnostic elle ne peut pas être pertinente ni efficace. Il faut donc aussi la réexaminer.

Deuxième partie
Le logement dans l'économie

Chapitre 3
L'évolution du marché immobilier

L'évolution des deux composantes des marchés immobiliers, l'offre et la demande, est assez facile à observer parce qu'elles ont une réalité bien visible. L'offre est constituée des bâtiments à usage d'habitation et la demande est constituée des personnes formant la population résidant en France.

Tendanciellement, l'offre et la demande de logement évoluent lentement et assez régulièrement. La demande correspond à la population dont l'accroissement naturel résulte de l'excédent des naissances sur les décès et du solde migratoire. L'accroissement naturel de la population est assez régulier et largement indépendant des conditions économiques, notamment de celles de logement. On ne fait pas des enfants en fonction de l'état futur du marché du logement, ni d'ailleurs en fonction de l'état futur du marché de l'emploi. Certes l'autre composante de l'évolution démographique, le solde migratoire, est plus sensible à l'état économique d'un pays. Pour s'en convaincre, il suffit de constater le peu d'attractivité qu'exerce la France actuellement sur les réfugiés. Mais la composante migratoire est en France quantitativement bien inférieure au solde naturel. Elle a en outre tendance à diminuer ces dernières années selon les données de l'INSEE.

Quant au parc de logement, les flux annuels de variation à la hausse ou à la baisse représentent une infime fraction du parc, ce qui le rend assez inerte dans le temps. Néanmoins le secteur du logement connaît des fluctuations dues à des chocs perturbateurs, le plus souvent extérieurs au secteur du logement. Ainsi depuis 100 ans, le secteur du logement, et au-delà l'ensemble de l'économie, ont été soumis aux chocs des deux Guerres mondiales qui ont détruit à la fois des personnes et une partie du parc immobilier. Il a été aussi soumis à des chocs de nature plus économique, notamment depuis la Deuxième Guerre mondiale. Sur les trente dernières années le rôle de l'immobilier dans la conjoncture économique a changé de nature. L'immobilier a joué un rôle central dans les deux dernières récessions qu'a connues la France en 1993 et en 2009 après celle due au choc pétrolier en 1975. Celle de 2009 a d'ailleurs été d'une plus grande ampleur que les deux précédentes.

En économie, on considère que les mouvements économiques sont constitués d'une évolution tendancielle ou de long terme et de cycles, qui constituent des phénomènes conjoncturels, de court terme. Les cycles sont conçus comme des perturbations résultant de chocs exogènes. Ce peut être des chocs extérieurs au territoire national, comme les chocs pétroliers, ou intérieurs, mais résultant d'institutions disposant d'un pouvoir discrétionnaire sur certaines grandeurs économiques comme l'Etat et des banques centrales. L'Etat peut soutenir l'activité économique par l'accroissement des dépenses publiques à recettes inchangées, c'est-à-dire en pratiquant un déficit budgétaire. La banque centrale peut mener une politique d'expansion monétaire par une action sur les taux ou en facilitant l'accès aux liquidités pour le système bancaire.

Les évolutions tendancielles et de court terme se manifestent sur les prix et les volumes. En ce qui concerne les prix, on ne dispose en France d'un indice de prix des logements anciens produit par l'INSEE que depuis 1996. Mais pour autant qu'on sache il n'y a vraisemblablement pas eu de flambée des prix avant celle des années 2000. Quant aux volumes de construction, la tendance moyenne depuis 35 ans s'établit à 330000 logements par an. Mais on ignore assez largement les volumes de sortie du parc de logements.

Examinons le dernier cycle.

Le cycle des 15 dernières années

Actuellement en 2017, nous sommes dans la phase descendante et vraisemblablement au creux d'un cycle qui a démarré à la fin des années 1990. C'est à ce moment que les prix et les volumes ont commencé à augmenter ce qui a constitué une phase d'expansion du cycle. Ils ont atteint un pic à la fin de 2007 avant de connaître une forte contraction en 2008-2009. Cela correspond à une crise qui était donc une crise de surproduction. Il ne faut donc pas comprendre le terme de crise pour ces années-là dans le sens habituel de crise du logement qui exprime une idée de pénurie.

En 2011, les prix ont retrouvé un niveau presqu'aussi élevé que celui de 2007. Ils connaissent un effritement continu depuis 2011 (cf. graphique 1, page 12).

Que s'est-il passé depuis 15-20 ans qui explique cette évolution ? Traiter la période des 15 dernières années comme un tout revient à considérer que l'augmentation et la contraction des prix constituent deux aspects d'un même phénomène, c'est-à-dire un cycle immobilier. Autrement dit le ralentissement des marchés que l'on connaît depuis 2012 n'est que la phase descendante d'un cycle qui est sans doute en train de se terminer. L'évolution des volumes et des prix est la compensation de la surchauffe des années 1998-2007. Ce que l'on a construit en plus lors de cette phase, on le construit en moins depuis 2012. Même chose pour les prix. L'effritement depuis 2012 est la contrepartie de la hausse précédente. Reste à en identifier la cause.

On a vu que le phénomène de hausse des prix n'était pas imputable à une pénurie quantitative, notamment parce que le prix des loyers est resté relativement stable pendant la période d'augmentation des prix des logements. Ce ne sont donc pas les loyers qui sont responsables de la hausse des prix. Le phénomène marquant de ces 15 dernières années est précisément l'écart croissant entre les prix et les loyers. La relation qui existe entre les deux est celle d'un taux de rendement. Plus précisément le prix d'un actif, comme les biens immobiliers, est égal au revenu total qu'il génère, le loyer, divisé par le taux de rendement[15]. Ce taux de rendement est celui des autres placements, notamment financiers, corrigé par une prime de risque. Finalement, le taux de rendement des placements financiers est fortement dépendant des taux directeurs définis par les banques centrales. Comme le revenu que constituent les loyers n'a pas significativement augmenté, c'est la baisse des taux mise en œuvre par les banques qui est à l'origine de la flambée des prix. Plus précisément les taux ont diminué de moitié, ce qui a fait doubler les prix. L'effet du taux de rendement sur les prix est mécanique et agit sur tous les actifs. L'évolution des prix immobiliers n'est donc pas révélatrice de la situation du marché immobilier, mais bien de celle de la sphère financière et de celle du crédit.

Les changements dans la sphère financière ont été engagés par les banques centrales à partir de la mi-1995 et

---

[15] Sous les hypothèses d'un marché concurrentiel, le prix d'un actif est égal à la valeur actualisée nette des revenus futurs qu'il peut générer, sous l'hypothèse de prévisions à peu près correctes. Sous quelques hypothèses simplificatrices, on en déduit que le prix d'un actif est égal au revenu qu'il génère divisé par le taux d'actualisation. Ce taux est alors le taux de rendement de tous les actifs, aux risques près.

ont conduit à une diminution du coût des crédits immobiliers. Elle est due aussi à une abondance d'épargne, qui est en partie elle-même la conséquence des déséquilibres du commerce extérieur de certains pays comme la Chine ou l'Allemagne. Elle s'est poursuivie avec des soubresauts jusqu'à atteindre un plancher historique à la fin de 2005. A cette date, Axel Weber, gouverneur de la Bundesbank, la banque centrale allemande, indiquait que les conditions de financement n'avaient jamais été aussi favorables depuis Bismarck. C'est dire à quel point la situation était exceptionnelle. Cette situation exceptionnelle sur le plan du crédit a produit une situation aussi exceptionnelle sur le plan des prix immobiliers, un peu comme des pluies exceptionnelles produisent des inondations exceptionnelles. Cette situation exceptionnelle allait être suivie par une crise également exceptionnelle.

La baisse des taux a joué sur les conditions de financement des biens immobiliers qui déterminent la capacité à payer des acquéreurs. Ce n'est donc pas l'augmentation des prix qui a conduit à la baisse des taux. Les conditions de crédit sont fixées par les banques en fonction du coût de leurs ressources et de leur équilibre financier. Du côté des emprunteurs, la capacité d'endettement joue comme une contrainte. Quand la contrainte se desserre, ils empruntent davantage, ce qui leur permet d'offrir des prix plus élevés sur le marché d'enchères qu'est le marché du logement. Inversement, c'est le resserrement des conditions de crédit en 2008-2009 qui a entraîné une contraction des prix et des volumes.

La baisse des taux est avantageuse pour les emprunteurs, mais elle ne l'est pas pour les prêteurs. Pour les banques, les taux d'intérêt jouent le rôle des prix pour les producteurs de biens et services. Les taux de crédit doivent couvrir leurs frais et leur assurer si possible une marge. Or, mis à part le coût de la ressource qui finance les prêts, les autres coûts, de personnel, d'informatique, de locaux, etc., sont assez largement des coûts fixes. Dès lors, ils sont beaucoup plus difficiles à couvrir avec des prêts à 2% qu'avec des prêts à 5%.

Face à cette situation, les établissements bancaires n'ont eu d'autre choix que d'augmenter les volumes. Ils récupéraient ainsi sur les quantités ce qu'ils perdaient sur les prix, les taux. Prêter plus a pris des formes différentes selon les pays. Dans la plupart des pays l'accroissement des prêts a concerné principalement le secteur de l'immobilier, même si en Grèce, c'est surtout l'endettement public qui s'est accru.

Dans le secteur de l'immobilier, les banques pouvaient choisir de prêter à davantage de personnes ou prêter davantage aux mêmes emprunteurs. En France c'est la seconde solution qui a été plutôt mise en œuvre. Prêter plus aux mêmes personnes dont les revenus n'ont pas augmenté ne peut se faire qu'en prêtant sur une plus longue période. De cette manière la baisse des taux et l'allongement de la durée des prêts a permis de maintenir le poids des mensualités à un niveau stable par rapport au revenu des emprunteurs, c'est-à-dire à un taux d'effort inchangé.

Dans un pays comme l'Espagne l'accroissement des prêts a été orienté vers les promoteurs qui ont accru leur production dans des proportions excessives, jusqu'à atteindre une production de 600000 logements neufs en 2016, à comparer aux 447000 logements neufs construits en France à la même période avec une population sensiblement supérieure.

Modalités de financement et structure du marché du logement

Dans les pays anglo-saxons, en matière de prêts immobiliers, le choix a été de prêter à davantage de personnes. C'était souvent la seule solution possible quand les prêts atteignaient déjà une durée qui ne pouvait plus être allongée. Pour gagner une clientèle nouvelle il a fallu prêter à des personnes présentant moins de garanties. La différence entre les pays anglo-saxons et la France illustre le lien étroit entre le mode de financement du logement et la structure du marché du logement.

En France les accédants représentent un pourcentage relativement faible de l'ensemble des ménages, moins de 20%. Dans ces conditions les banques peuvent sélectionner une clientèle plutôt plus aisée que le reste de la population. Cette clientèle est recherchée par les banques. Dans ces conditions les prêts au logement constituent un produit d'appel. Les banques font peu, voire pas, de marge sur ces prêts afin d'attirer une clientèle à qui seront vendus d'autres produits et services plus rentables. Comme les accédants ne sont pas trop nombreux, les ressources des banques sont à peu près suffisantes pour couvrir leurs besoins de financement. Ces ressources sont les dépôts de la clientèle, conformément à une règle de bonne gestion actif-passif. De ce fait les banques ont peu recours à des refinancements, bien que toutes les formes possibles existent depuis la Caisse de refinancement hypothécaire, les obligations à l'habitat, jusqu'à la titrisation classique ou synthétique[16]. En termes de

[16] La titrisation consiste à transformer des prêts hypothécaires en titres négociables sur les marchés financiers. Ils ont la nature d'obligations puisqu'ils ont une durée de vie finie. La titrisation classique ou *cash* ou *true sale* consiste en une cession complète des prêts. La titrisation synthétique consiste en un découpage des prêts en tranches qui sont différenciées selon leur priorité de remboursement. Cela confère aux

volume, leurs besoins de refinancement sont résiduels. Par ailleurs, comme elles prêtent à marge réduite, elles peuvent difficilement se refinancer à un coût moindre que celui du financement initial, alimenté essentiellement par les dépôts de la clientèle. Les facteurs taux et volume incitent peu au refinancement. Les banques sont donc aussi plus attentives au risque que présentent les emprunteurs dans la mesure où leurs prêts resteront dans leurs comptes.

Dans les pays anglo-saxons, l'accession à la propriété est un phénomène beaucoup plus répandu. Par exemple aux États-Unis à l'époque du pic immobilier, un ménage sur deux était accédant. Le cas extrême est celui de l'Islande où 70% des ménages étaient accédants à la propriété avant l'effondrement du système bancaire. Dès lors les besoins de financement étaient et sont encore beaucoup plus importants. Les ressources des banques émanant de la clientèle ne sont pas suffisantes, si bien que le refinancement est nécessaire. Il a pris principalement la forme de la titrisation. Par ailleurs, comme les prêts immobiliers sont plus répandus, ils sont plus fréquemment accordés à des ménages plus risqués. Pour couvrir ces risques, les taux des prêts sont plus élevés, ce qui rend possible un refinancement à des taux plus faibles que le financement initial. C'est ainsi que se sont diffusés des titres représentatifs de créances hypothécaires, dont les plus risquées sont les *subprimes*. Quand les ménages se sont trouvés dans l'impossibilité de faire face à leurs remboursements, les organismes prêteurs ont fait jouer la garantie hypothécaire en saisissant les biens. Pour récupérer le capital restant dû, ils ont mis en vente les logements. Cette procédure conduit à chasser les emprunteurs de leur logement. Mais cette procédure

---

différentes tranches des risques différents et donc des taux de rendements différents.

fonctionne correctement pour le prêteur quand ces ventes sont peu nombreuses. Quand elles deviennent massives, l'effet produit sur les prix est dévastateur. Les ventes massives ont fait s'effondrer les prix parce que face aux vendeurs il n'y avait plus d'acheteur. Les créances hypothécaires sont dès lors devenues irrécouvrables.

Finalement, c'est la défaillance des emprunteurs initiaux qui a produit l'effondrement de ces titres et non l'inverse. Comme ces titres avaient été distribués largement dans les pays développés, la crise financière s'est transmise à tous les pays comme la France ou l'Allemagne. En définitive la crise financière qu'a connue la France est largement importée dans la mesure où la France n'a pas connu de défaillances majeures de ses propres emprunteurs. Aux Etats-Unis, la crise a constitué une perte nette pour la collectivité, puisque les créanciers ont perdu leur argent, les ménages expulsés ont perdu leur logement et les logements ont perdu leur occupant.

Les deux systèmes de financement, anglo-saxon et français reposent sur des bases juridiques différentes. On peut dire que dans les pays anglo-saxons on prête pour quelque chose, tandis qu'en France on prête à quelqu'un. Quand on prête pour quelque chose, l'attention est portée sur la capacité de la valeur du bien à couvrir le capital restant dû. Un indicateur clé est donc le rapport du capital prêté à la valeur du bien qui sert de garantie au prêt, le *loan to value*, le LTV. Plus il est élevé, plus le prêt est risqué, jusqu'à entrer dans la catégorie des *subprimes*. Le risque est couvert par une hypothèque. En cas de défaillance de l'emprunteur, la réglementation permet au prêteur d'exercer la garantie hypothécaire en saisissant le bien. Le prêteur se substitue comme propriétaire à l'emprunteur. En contrepartie ce dernier est exonéré de tout autre remboursement. Quand le prêteur devient propriétaire du bien, il n'a d'autre solution pour récupérer le capital prêté que de vendre le bien. Dans le cas où ce phénomène concerne de nombreux emprunteurs, le mécanisme de saisies et de ventes contribue à la chute des prix des biens immobiliers.

Dans la situation française, on prête à quelqu'un. L'attention du prêteur est alors portée sur sa capacité à rembourser, c'est-à-dire le rapport de la mensualité de prêt à son revenu. Dans la volonté de minimiser les risques, les banques limitent fréquemment ce rapport à 30%. Ce comportement explique le faible taux de ménages accédants en situation de surcharge de dépenses de logement, c'est-à-dire consacrant plus de 40% de leur revenu aux charges de logement. Par ailleurs comme les banques françaises conservent les prêts dans leur bilan, elles sont soucieuses de la capacité de remboursement des emprunteurs. Quand un emprunteur fait défaut, la saisie suivie de la vente est possible, mais, d'une part, elle est longue et coûteuse à mettre en œuvre, d'autre part elle n'exonère pas l'emprunteur du remboursement du capital restant dû. La garantie hypothécaire n'est donc pas indispensable puisqu'elle sera rarement mobilisée. La couverture du risque par une assurance ou une caution suffit. Elle sera plus facile à mobiliser. En France la seule limite à l'obligation personnelle de rembourser de l'emprunteur est celle de la réglementation sur le surendettement. En Espagne, l'action militante de Podemos et une recommandation de l'Union européenne ont conduit les pouvoirs publics à mettre en place des dispositions équivalentes.

La comparaison des deux systèmes de prêts, anglo-saxon et français fait apparaître le risque de déresponsabilisation du système anglo-saxon. La première différence est le grand nombre de banques prêteuses aux Etats-Unis, plus de 7000. Beaucoup n'ont qu'une activité réduite et distribuent moins de 100 prêts dans l'année. Le plus souvent, notamment dans la période de flambée du crédit immobilier, les ressources des banques sont insuffisantes pour alimenter la masse des prêts en croissance. Elles ont donc recours au refinancement sous la forme de titrisation. Dans la forme la plus extrême de cette dynamique de refinancement, les banques hypothécaires confient la commercialisation de leurs prêts à des agents commerciaux payés à la commission, pas toujours soucieux de la qualité des dossiers présentés à la banque. Ces prêts une fois octroyés sont titrisés par de grands établissements bancaires puis placés, notamment par les mêmes, auprès de fonds d'investissement qui ne sont pas toujours informés de la nature des risques que comportent ces titres. Dans ce circuit aucun n'intervenant n'a d'intérêt à limiter l'expansion du crédit et donc les risques. Les emprunteurs *subprimes* ont souvent contracté des prêts à mensualités croissantes qui n'étaient supportables que si les prix de l'immobilier continuaient à croître. Dès que la hausse s'est ralentie, les défaillances ont commencé à apparaître et les ventes sur saisie ont accéléré le phénomène.

On voit que ce qui est à l'origine du problème dans le système anglo-saxon, outre la déresponsabilisation structurelle, est la non-prise en compte du risque macroéconomique de retournement du marché. La notation par les agences spécialisées ne porte que sur les risques microéconomiques attachés à l'opération de prêt. Elle ne porte pas sur l'évolution des prix futurs de l'immobilier ni sur le comportement des agents qui peut conduire à la mise sur le marché d'une masse de biens telle qu'elle déprime le marché.

Le système français est plus sain. Les parties prenantes dans le processus de prêts sont davantage soucieuses des engagements qu'elles prennent. Les banques veillent à la capacité des emprunteurs à satisfaire leurs obligations de manière relativement indépendante de l'évolution du marché. Les emprunteurs veillent en général à ne pas s'engager dans des remboursements qu'ils ne pourraient pas honorer même en cas de revente du bien. En définitive, il n'y a pas eu de crise des prêts hypothécaires en France. Le coût effectif des défaillances y est modéré. Selon les données de l'Autorité de Contrôle prudentiel et de Résolution, l'ACPR, ce coût est de 0,059% des encours en 2016, soit 5,9 points de base (100 points de base égalent un point de taux). Pour un encours d'environ 870 milliards €, cela représente quand même 513 millions €. Au plus fort de la crise, le coût des défaillances est monté jusqu'à 7,5 points de base. On est très loin des coûts supportés par le système bancaire américain.

Les phénomènes que l'on a connus depuis 15 ans, différenciés selon les pays, trouvent donc leur explication. La flambée des prix et, dans certains pays, des volumes, est due à un choc de crédit. Le terme de bulle qui est quelques fois employé est plutôt inadapté parce qu'il fait référence à un phénomène spéculatif sans autre cause. En fait, il y a peu de spéculation dans le domaine du logement. La plupart des ménages achètent pour se loger. Ils se soucient peu de la perspective de plus-value ou de moins-value.

Le phénomène qu'a connu le secteur du logement a comme cause la politique monétaire des banques centrales. L'abondance monétaire permise par les banques centrales soulève la question de savoir pourquoi elle n'a pas entraîné d'inflation sur les autres biens. La raison en est que l'inflation sur l'ensemble des biens produits a été empêchée par la concurrence de la production des pays émergents, concurrence directe sur le prix des produits manufacturés et concurrence indirecte sur le coût du travail incorporé dans les autres produits et services. Cette inflation s'est reportée sur le prix des biens non concurrencés par l'étranger, les biens immobiliers et les actifs financiers. Il y a donc bien eu inflation du prix de certains biens, mais elle n'est pas comptabilisée dans l'indice des prix à la consommation.

Le gonflement des prêts au logement dont l'encours a doublé depuis 15 ans pose aussi d'autres questions, celle de savoir d'où vient l'argent alimentant les prêts au logement et celle concernant l'évolution future.

D'où vient l'argent des prêts au logement ?

La question se pose particulièrement pour la France, où, on l'a vu, les banques ont financé l'essentiel des crédits immobiliers sur les dépôts de la clientèle. Dans les pays anglo-saxons la partie titrisée des crédits a été financée par de l'épargne domestique ou étrangère. Ce mode de financement a permis à la fois de mutualiser les risques, mais aussi de transmettre les défaillances des emprunteurs à l'ensemble des détenteurs de titres de ces créances hypothécaires. En France cela n'a pas été le cas. Les crédits à la clientèle proviennent principalement des dépôts de la clientèle. Mais alors d'où vient l'argent de la clientèle et plus précisément comment les dépôts ont-ils pu doubler pour alimenter le doublement de la masse des prêts ? Les revenus n'ont pas connu une croissance telle qu'ils auraient permis une augmentation des dépôts dans les mêmes proportions que les prêts. Le taux d'épargne est resté également très stable sur la période autour de 15%, ne manifestant aucun changement de comportement des ménages qui les aurait conduits à accroître leurs dépôts.

La réponse est autre. L'accroissement des dépôts provient des crédits immobiliers, conformément au principe d'économie monétaire selon lequel « les crédits font les dépôts ». Les banques commerciales peuvent créer de la monnaie en émettant des crédits. Ce mécanisme s'est réalisé effectivement dans le cas des crédits immobiliers, selon le mécanisme suivant : un ménage contracte un prêt avec lequel il va acheter un logement qu'il va payer au vendeur. Celui-ci rapportera finalement l'argent à la banque. Naturellement, ce n'est pas le vendeur qui finance directement son acquéreur, mais bien l'ensemble des vendeurs qui déposent le produit de la vente de leurs logements en banque et qui alimentent ainsi les dépôts finançant les crédits. Si le vendeur est à son tour acheteur cela rajoute une étape dans le retour des montants prêtés à la banque. Ce phénomène d'alimentation des dépôts par les prêts s'auto-entretient, ce qui peut lui donner l'apparence d'une bulle. Il n'a d'autre limite à cette dynamique que la politique d'octroi de crédits des banques. Ces facteurs explicatifs de l'évolution passée des prix permettent d'esquisser leur évolution future.

Les prix accentueront leur baisse quand les conditions de crédit se durciront

Les prix des biens immobiliers ont augmenté quand les taux d'intérêt baissaient. Ils ont connu une forte contraction en 2008-2009 avec le resserrement des conditions de crédit initié par les banques centrales. Celles-ci sont intervenues pour calmer « l'exubérance irrationnelle des marchés », selon l'expression d'Alan Greenspan, gouverneur de la banque centrale des Etats-Unis. Le resserrement des taux a d'abord conduit à une chute des prix, des transactions et de la construction dans le secteur du logement. Ensuite le resserrement a entraîné une crise financière qui s'est transmise au reste de l'activité économique. L'économie mondiale a alors connu une forte contraction en 2008-2009.

Face à cette situation, les banques centrales ont inversé leur politique. Ils ont alimenté en liquidités les marchés monétaires et financiers à des taux d'intérêt faibles. Les prix immobiliers ont peu à peu recommencé à croître jusqu'à compenser à peu près intégralement leur perte. Ils ont atteint un nouveau pic au premier trimestre 2011. Depuis ils connaissent une baisse continue, alors même que les conditions de crédit sont encore très favorables. Depuis le début de l'année 2017 le taux des prêts a commencé à croître après un nouveau minimum historique qui a conduit à un léger rebond des prix. En tout état de cause, si le niveau des prix immobiliers reste élevé, en moyenne les acquéreurs des biens depuis octobre 2015 ont subi une moins-value.

Ce phénomène ne peut que s'accentuer avec la remontée du coût du crédit. Les prix accentueront leur baisse. L'effet se fera sentir par les deux voies évoquées. D'une part, la croissance des taux d'intérêt diminuera le coefficient de transformation des revenus futurs en valeur patrimoniale. D'autre part, l'augmentation des taux d'intérêt dégradera les conditions de crédit pour les ménages. A charge de remboursement inchangée, ils pourront emprunter moins et donc proposer des prix moins élevés sur le marché des biens. Après un délai nécessaire pour que les vendeurs acceptent ces prix moins élevés, la baisse des prix sera effective.

Les conséquences d'une remontée des taux pour les ménages

Les ménages propriétaires de leur logement verront la valeur de leur logement diminuer, comme ils le voient depuis octobre 2005, après avoir vu sa valeur doubler depuis la fin des années 90. Ils seront moins riches. Mais cela n'aura aucun impact sur leur niveau de vie puisque la valeur d'usage de leur logement sera vraisemblablement inchangée, sauf si les loyers venaient à évoluer différemment de l'évolution antérieure.

En cas de vente, un certain nombre de ménages réalisera une moins-value. Cela ne représentera une perte nette que s'ils ne réinvestissent pas dans le secteur du logement, ou s'ils réinvestissent moins que la valeur de leur vente. Pour ceux qui réinvestissent au moins autant que la valeur de leur vente, la moins-value réalisée sera compensée, éventuellement au-delà, par le moindre coût de leur nouvelle acquisition.

La situation des accédants à la propriété c'est-à-dire de ceux ayant contracté un prêt pourra être plus délicate, s'ils revendent rapidement après leur acquisition, quand le capital emprunté n'est que faiblement amorti. Cette situation se rencontre de plus en plus fréquemment, la durée effective des prêts étant sensiblement inférieure à la durée contractuelle. Les acquéreurs effectuent un remboursement anticipé par la revente de leur logement ou actuellement par rachat de prêt. La question clé est alors de savoir si en cas de revente, le capital restant dû est couvert par la valeur de revente du logement. A l'acquisition, la valeur du logement couvre le plus souvent le capital emprunté même s'il arrive que le prêt serve aussi à financer les frais d'acquisition (situation de surfinancement). En cas de revente la réponse à la question dépend du rythme comparé d'amortissement du capital emprunté et de celui de la perte de valeur du bien. En empruntant à 3% sur 20 ans, en 5 ans on a remboursé 20% du capital emprunté. La valeur de revente couvre le capital restant dû dès lors que le prix du logement ne baisse pas de plus de 20% en 5 ans. Il faut toutefois noter qu'en cas de baisse du prix des logements due à une remontée des taux, l'emprunteur a intérêt à conserver le prêt contracté à un taux moindre le plus longtemps possible et donc à éviter la revente.

Les conséquences d'une remontée des taux pour les banques

La grosse majorité des encours des prêts, 90% en 2016, est à taux fixe. Or ces prêts sont alimentés essentiellement à partir des dépôts de la clientèle, constitués par les comptes courants et les comptes d'épargne. Tout cette épargne est à court terme et les taux de rémunérations sont, soit nuls sur les comptes chèques, soit réglementés, notamment ceux des Livrets A et d'Epargne logement, soit soumis aux fluctuations des taux de court terme. Autrement dit, les taux des ressources bancaires sont variables quand ceux des prêts sont majoritairement fixes. Une remontée des taux des dépôts fera peser un coût supplémentaire sur les banques. Comme les marges sur les prêts immobiliers sont modestes, ce coût sera nécessairement supporté par les autres sources de revenus des banques et par leur marge générale. Par nature les banques sont censées être en mesure de gérer ce risque de taux qui sera allégé par la remontée des taux sur la production des nouveaux prêts, plus rémunérateurs.

Ce risque de taux auquel s'exposent les banques est une des raisons qui conduisent les autorités monétaires à les inciter à s'orienter davantage vers des prêts immobiliers à taux variables. Cela n'est qu'une solution partielle. En effet la plupart des prêts à taux variables ont des évolutions encadrées par des contraintes contractuelles, par exemple des taux capés, c'est-à-dire plafonnés. Le transfert de risque est donc limité dans ce cas. Par ailleurs, transférer le risque de taux sur l'emprunteur n'est une solution que si celui-ci peut supporter ce risque. Or il est vraisemblablement moins bien placé pour évaluer le risque que la banque. En cas d'incapacité de l'emprunteur à faire face à ses engagements et donc à supporter le risque, la mobilisation de la garantie consiste à vendre ou faire vendre le bien immobilier pour que le prêteur récupère le capital restant dû. Cette pratique ne constitue à son tour une solution que si le défaut reste à un niveau microéconomique, c'est-à-dire s'il n'affecte qu'un nombre limité de créanciers. En France, les ventes immobilières forcées n'affectent qu'une infime fraction du marché. Si les défaillances concernent de nombreux emprunteurs, comme cela a été le cas dans les pays anglo-saxons en 2007-2008, le risque devient macroéconomique et les garanties hypothécaires sont insuffisantes pour couvrir les défauts. La garantie hypothécaire n'est pas seulement insuffisante, elle est trompeuse sur la possibilité pour le créancier à recouvrer sa créance par la vente du bien. Maintenir le risque de taux au sein des banques les incite au contraire à rester mesurées dans la distribution des prêts immobiliers, comme cela est le cas en France, à l'inverse du mode de distribution du crédit dans les pays anglo-saxons.

L'évolution future des prix immobiliers dépend finalement de la politique des banques centrales. Or elles mènent toutes une politique de taux bas qui est sans doute inévitable, mais a des effets néfastes.

Une politique de taux bas inévitable, mais néfaste

La politique monétaire actuelle a été mise en place lors de la crise de 2008. Elle consiste en des taux directeurs bas, c'est-à-dire nuls voire négatifs, et en la délivrance de liquidités au marché et aux banques sous le forme de rachats de dettes, essentiellement de dettes publiques. Cette politique se fonde sur l'idée qu'un endettement bon marché et abondant contribue à l'investissement des entreprises et à la dépense des ménages. C'est une forme de la politique keynésienne de relance de l'activité économique. Les effets observés actuellement sont modestes. En réalité l'amélioration des conditions de financement n'a que peu d'impact parce qu'elles ne jouent que comme desserrement d'une contrainte. Elles ne constituent pas le moteur des décisions de consommation et d'investissement qui sont les besoins de la population et les perspectives économiques. Un ménage n'achète pas un logement parce que les conditions de crédit sont favorables ; il l'achète parce que cela correspond à son projet, parce que sa situation familiale évolue ou parce que ses perspectives professionnelles lui permettent d'envisager un changement de logement. Les conditions de crédit peuvent être un accélérateur ou un frein à sa décision, que le ménage peut avancer ou différer. Elles ne constituent pas l'élément déclencheur. Il en est de même pour les entreprises et leur décision d'investissement.

Seuls les Etats peuvent prendre des décisions de dépenses indépendamment du contexte économique. Le paradoxe actuel est que la politique monétaire est expansionniste, mais la politique budgétaire, qui résulte des dispositions de la zone Euro, est restrictive, en particulier dans les pays qui en auraient le plus besoin, c'est-à-dire les pays du Sud, dont la France. Il est vrai que l'expansionnisme monétaire profite indirectement aux Etats en allégeant le coût de leur dette par la baisse des taux. Mais le soutien à l'activité économique serait plus efficace par une politique budgétaire expansionniste. Autrement dit, actuellement dans un pays comme la France, les deux politiques, monétaire et budgétaire, jouent en sens inverse. Il serait peut-être préférable qu'elles soient inversées, la politique budgétaire laissée au choix discrétionnaire des Etats et la politique monétaire laissée davantage à la logique du marché.

Les taux bas ont un autre effet sur la croissance de long terme. L'analyse économique indique que l'investisseur rationnel investit jusqu'au point où le rendement de son investissement égale son coût. Le coût du capital est le taux d'intérêt. Le rendement du capital est ce qui fait qu'en immobilisant 100€ on obtienne un peu plus que 100€. C'est donc le taux de croissance de l'économie. On s'interroge actuellement sur les raisons de la faible productivité du capital et donc de la faible croissance. Une des réponses à la question est que l'abaissement des taux conduit à mettre en œuvre des équipements de moins en moins productifs dont le rendement s'aligne sur le taux d'intérêt.

Ce phénomène se manifeste aussi dans l'immobilier où les taux de rendement individuels des investissements tendent à diminuer avec la baisse des taux des prêts. Mais le rendement de l'investissement en logement au niveau macroéconomique décroît plus encore quand on intègre dans les montants investis la partie inoccupée du parc de logements qui, par définition, ne produit aucun revenu.

Par ailleurs, la dynamique de la baisse des taux a un effet négatif sur la propension à investir. En effet une baisse des taux entraîne un accroissement des valeurs patrimoniales par le jeu du coefficient multiplicateur des recettes futures. Dès lors, pourquoi rechercher un gain par l'investissement quand on obtient ce gain sans dépense et sans investissement sous forme d'une plus-value patrimoniale ? La baisse des taux a plutôt un effet désincitatif sur la production. On constate là les effets pervers des instruments de politique conjoncturelle. Certes ces instruments peuvent avoir des effets positifs à court terme, mais ils n'ont pas pour autant des effets positifs à long terme. Les facteurs de croissance à long terme ne sont pas les mêmes que ceux du soutien de l'activité économique à court terme. Construire des logements neufs qui vident des logements existants peut s'apparenter à la suggestion keynésienne de creuser des trous pour ensuite les reboucher. Il y a sans aucun doute des investissements plus productifs. Si c'est une mesure qui peut constituer un soutien de l'activé économique temporairement, elle n'a pas d'effet durable sur la croissance.

D'une manière encore plus générale la politique de taux bas des banques centrales induit une déformation du rapport au temps. Un loyer est comme un taux d'intérêt, qui est le loyer de l'argent. C'est le supplément de revenu que l'on attend quand on se dépossède temporairement d'un logement ou d'une somme d'argent. Le taux d'intérêt est donc le prix du temps. Cette grandeur doit être positive et doit représenter un montant significatif parce que les comportements fondamentaux des êtres humains à l'égard du temps font qu'ils sont disposés à attendre pour percevoir un revenu dans le futur plutôt qu'à le percevoir sur le moment, à condition qu'il soit supérieur à celui auquel ils peuvent prétendre sur le moment. Fixer les taux d'intérêt à zéro ou pire encore les rendre négatifs revient à indiquer que le futur vaut moins que le présent, ou en tout cas pas plus. Comment peut-on attendre une confiance des individus dans l'avenir avec un tel signal donné par les autorités monétaires ? Ce signal est non seulement dangereux, il est surtout inexact. L'avenir continuera à apporter une amélioration du bien-être de la population dès lors que l'on continuera à investir dans des investissements productifs.

Chapitre 4
Le coût du logement

On a vu que les conditions de logement de la majorité de la population pouvaient être considérées comme satisfaisantes. Mais ces bonnes conditions ne sont-elles pas obtenues au prix de dépenses lourdes, voire insupportables ? Certains l'affirment. Ainsi un rapport du sénat sur la loi Engagement national pour le logement déclarait en 2005 : « Flambée des prix de l'immobilier rendant plus difficile l'accession à la propriété, envolée des loyers affaiblissants un peu plus chaque jour le pouvoir d'achat des ménages, multiplication des situations de mal-logement : telle est la réalité à laquelle sont confrontés nombre de Français [17]». Est-ce effectivement la réalité ? Quel est le coût du logement pour la population ? Et au-delà de cette question, quels sont les coûts de production du logement. La réponse à ces questions sera aussi l'occasion d'évoquer comment se forment les prix dans le domaine de l'immobilier.

Les dépenses de logement

Les dépenses de logement ont plusieurs définitions qui conduisent à autant de mesures. Il y a deux définitions principales. La première considère ce que les ménages sortent effectivement de leur porte-monnaie ou de leur compte bancaire pour leur logement. On y trouve les

[17] Cf. http://www.senat.fr/rap/l05-081/l05-0810.html

loyers et les remboursements des prêts immobiliers, mais aussi les charges d'occupation et les dépenses d'énergie. Ces données sont fournies dans les enquêtes sur le budget des ménages.

Il existe une seconde définition, celle du Compte du Logement où les dépenses de logement sont la somme des loyers effectifs des locataires, plus les loyers imputés des propriétaires, c'est-à-dire les loyers qu'ils paieraient s'ils étaient locataires, plus les dépenses d'investissement. Cette définition est cohérente avec la comptabilité nationale puisqu'elle identifie une des composantes du produit intérieur brut, le PIB. S'ajoute à ces deux définitions une troisième, plus restrictive, où l'on ne comptabilise que les dépenses de consommation de logement sans y inclure les dépenses d'investissement. Cette dépense de consommation est souvent rapportée au revenu disponible brut des ménages. Par cohérence, ce dernier inclut les loyers imputés qui sont donc comptabilisés à la fois comme revenu et comme dépense. On augmente donc le dénominateur et le numérateur du ratio dépenses/revenu d'un même montant. Mathématiquement cela fait augmenter le rapport. Le résultat est que le logement occupe plus du quart des dépenses de consommation.

Pour cohérente qu'elle soit avec les concepts de comptabilité nationale, cette mesure n'est pas celle d'une dépense au sens courant du terme. C'est le problème des loyers imputés qui comptabilisent la valeur d'usage des logements occupés par leur propriétaire, mais ne comptabilisent pas les remboursements de prêts des propriétaires accédants. Cette mesure résulte donc de l'observation des dépenses effectives des locataires, mais d'un calcul des loyers imputés. Ces problèmes sont spécifiques au secteur du logement puisque les autres domaines de consommation ne comportent pas d'autoproduction.

Par ailleurs, le rapprochement entre cette « dépense de logement » et le revenu disponible est contestable économiquement. En effet il est pertinent de rapprocher une dépense du revenu qui a servi à la couvrir. Or d'un point de vue global, macroéconomique, les logements utilisés à un moment donné ont, par définition, été construits avant la date de leur occupation. Leur existence résulte donc de dépenses d'investissement antérieures. Certains logements existants ont été construits il y a plusieurs centaines d'années avec les revenus de l'époque et continuent à générer un service. Pour calculer un ratio dépenses/revenu pertinent, il faudrait inclure dans les revenus ceux antérieurs à la période actuelle.

Si l'on veut une mesure plus conforme au vécu des ménages en matière de dépenses de logement, il vaut mieux utiliser la première définition qui considère les sorties effectives de numéraire concernant le logement. On peut alors mesurer la part du logement dans le revenu courant des ménages, c'est-à-dire dans leur budget effectif. Ce ratio est appelé le taux d'effort. Remarquons que cette dénomination a une connotation particulière. Elle évoque l'idée qu'il faut faire un effort pour se loger. Cela justifie que l'on évoque l'origine de ce terme.

Ce terme est apparu après la 2eme Guerre mondiale quand les premières statistiques sur le sujet ont fait apparaître des taux d'effort extrêmement bas, de l'ordre de quelques pour cent du revenu. Cette situation résultait assez largement du blocage des loyers mis en place en 1914 et dont les réévaluations de l'entre-deux-guerres n'ont pas réussi à rattraper le retard pris sur l'inflation. Une constante de la politique du logement jusque dans les années 70, telle qu'elle apparaît par exemple dans les rapports des commissions logement réunies pour l'élaboration des Plans de développement, est de déplorer les faibles taux d'effort et d'envisager les moyens pour les augmenter. Il y a donc sur les cent dernières années une large partie du passé économique où les ménages dépensaient peu pour se loger. Depuis, les niveaux de taux d'effort ont augmenté, mais la population a peut-être du mal à s'habituer à dépenser plus pour se loger. Combien dépense-t-elle maintenant et comment ces dépenses ont-elles évolué depuis la flambée des prix ?

Pour chiffrer les taux d'effort, on dispose des données fournies par Eurostat. Elles sont issues de l'enquête statistique sur les revenus et les conditions de vie des ménages (dispositif SRCV dont l'acronyme anglais est SILC). Cette enquête est menée par l'INSEE sur une base commune à celle des autres pays européens. Donc l'information de base est la même que celle de l'INSEE, mais les traitements peuvent différer et conduire à des résultats un peu différents. L'intérêt de la source Eurostat est qu'elle permet une comparaison des pays européens à partir d'une base d'information identique.

Le taux d'effort évoqué ici est un taux d'effort effectif budgétaire, c'est-à-dire que les dépenses prises en considération sont celles qui font l'objet de transactions monétaires. Il s'agit des loyers et des mensualités de prêts, auxquels sont ajoutées les dépenses d'eau, gaz, électricité, chauffage et autres charges dites locatives. Les loyers dits imputés que les propriétaires paieraient s'ils étaient locataires ne sont pas pris en compte ici.

Les taux d'effort en France sont inférieurs à ceux de la plupart des autres pays européens

Avec cette définition, le taux d'effort médian en France, c'est-à-dire celui en dessous duquel se trouve la moitié de la population est de 13,1% en 2015. Par comparaison, il est de 21,6% en Allemagne, de 16,4% au Royaume-Uni, de 22,6% au Danemark et 26,3% aux Pays-Bas. L'Espagne à 12,5% et l'Italie à 11,4% sont à peu près au même niveau que la France.

La moitié des Français consacre donc moins de 13,1% de son revenu pour se loger. Ce chiffre peut paraître très faible, voire invraisemblable. Pour se convaincre de la vraisemblance du chiffre, il suffit de savoir comment se répartit la population selon les statuts d'occupation selon Eurostat. Précisons qu'il s'agit de la population et non pas des ménages, c'est-à-dire qu'il est tenu compte de la taille des ménages dans le calcul de la répartition selon les statuts. Le taux de propriétaires dégagés des charges d'acquisition (DCA), c'est-à-dire ne remboursant pas de prêts, est de 33,7% en France (environ 40% des ménages). Ces personnes n'ont donc à supporter que les charges résultant de l'usage de leur logement, chauffage, eau, électricité, etc. Même avec de faibles revenus cela conduit à un taux d'effort faible qui explique le taux médian de 13,1%.

On dispose également du taux d'effort moyen dénommé part du coût du logement dans le revenu disponible du ménage (variable ilc_mded01). Il est en France en 2015 de 18,8%. Il est de 27,3% en Allemagne, de 24,9% au Royaume-Uni, de 27,7% au Danemark et de 29,5% aux Pays-Bas. Une fois encore, la France se situe dans le bas du tableau des taux d'effort moyens.

Les taux d'effort moyens supérieurs aux taux médians révèlent que la distribution des taux d'effort est plus étalée vers les taux élevés que vers les taux bas qui ne peuvent descendre en dessous d'un montant incompressible de charges.

En termes d'évolution les taux médians et moyens sont très stables dans le temps et manifestent plutôt une tendance à la baisse depuis 2005.

Mais il ne s'agit là que de valeurs synthétiques qui masquent des disparités entre les ménages. On a déjà évoqué la principale source de ces disparités qu'est le statut. Les propriétaires dégagés des charges d'acquisition (DCA) ont un taux d'effort faible, la population dans les autres statuts a nécessairement des dépenses plus importantes. Par exemple, en 2014, la population des locataires français a un taux d'effort moyen de 22,9%, quasiment égal à celui des locataires allemands à 22,5%, inférieurs à celui des Italiens à 24,8%, des Britanniques à 29,4% comme les Danois, ou des Néerlandais à 28,5% et des Espagnols à 31,6%.

Pour mesurer la disparité des taux d'effort, on dispose d'un autre indicateur qui est le taux de ménages en surcharge de dépenses de logement. Il est défini par Eurostat comme le pourcentage de ceux dont le taux d'effort est supérieur à 40%. Avec un taux de 5,7% des ménages dans cette situation en 2015 la France est un des pays d'Europe où ce taux est le plus faible. L'Allemagne est à 15,6%, le Danemark à 15,1%, le Royaume-Uni à 12,5% et les Pays-Bas à 14,9%.

En définitive, en France, le poids du logement dans les revenus est très loin d'être insupportable pour la majorité de la population. Il n'est élevé que pour une petite fraction de la population. Il serait d'ailleurs souhaitable que l'on en sache plus sur ces ménages en surcharge de dépenses de logement, notamment parce que les allocations de logement doivent contribuer à rendre les dépenses de logement supportables. Cette situation contredit en outre une affirmation évoquée dans le milieu des entreprises selon laquelle c'est le coût élevé du logement en France qui serait responsable des salaires plus élevés et donc d'une moindre compétitivité, notamment en comparaison de l'Allemagne. Si les salaires sont plus élevés en France, ce n'est pas dû au coût plus élevé du logement[18].

Un taux d'effort est le rapport entre une dépense et un revenu. La dépense est elle-même le produit d'un volume de consommation par un prix unitaire. Le niveau et l'évolution des taux d'effort sont donc dus aux évolutions de ces trois variables. On les examine maintenant.

Evolution des revenus, des loyers et de la consommation de logement

Le revenu est mesuré par le revenu disponible brut de l'ensemble de la population, le RDB, fourni par les Comptes Nationaux, qui inclut les loyers imputés. L'évolution de ce revenu, l'inflation une fois déduite, représente l'évolution du pouvoir d'achat des ménages. Il augmente de manière continue avec toutefois une certaine stabilisation ces dernières années. Cette augmentation permet un accroissement de la consommation, notamment celle de logement. Tout dépend néanmoins de la manière dont a évolué le prix des loyers en comparaison de l'inflation. On a vu qu'il n'avait augmenté que de quelques points au-dessus de l'inflation (graphique 1, page 12). Or les revenus ont augmenté davantage. Plus précisément, l'écart entre le revenu disponible brut et le prix des loyers, qui définit le pouvoir d'achat locatif du revenu, a gagné plus de 15% en 15 ans. L'essentiel de ce gain a été obtenu avant 2006, année qui a été suivie d'une période de ralentissement économique préjudiciable aux revenus. Les gains de pouvoir d'achat locatif sont moins importants quand on considère le salaire moyen. Mais même les plus bas salaires, en l'occurrence le SMIC, ont

---

[18] Voir les articles « France-Allemagne : le logement » et « Coût du logement et compétitivité : n'ayez pas de regret monsieur Gallois » sur le site de l'auteur www.economieimmobiliere.com .

gagné presqu'autant de pouvoir d'achat locatif que celui de l'ensemble de la population.

En revanche, calculé par ménage, le pouvoir d'achat locatif du revenu disponible brut n'a pas augmenté sur l'ensemble de la période. Après une amélioration jusqu'en 2002, il s'est dégradé revenant en 2013 à un niveau inférieur à celui de 1998. Cela implique que le nombre de ménages a augmenté plus que le pouvoir d'achat locatif. Que signifie alors l'accroissement du nombre de ménages ?

Rappelons qu'un ménage est l'ensemble des personnes qui habitent un même logement, comptabilisé comme résidence principale. En nombre, un ménage équivaut donc à un logement. Par conséquent, quand on divise le pouvoir d'achat total par le nombre de ménages, on le divise par le nombre de logements. L'évolution divergente des deux courbes montre que, quand le pouvoir d'achat global s'est accru, le nombre de logements s'est accru dans la même proportion. En d'autres termes, la population a utilisé ses gains de pouvoir d'achat pour consommer plus de logements en nombre, ce qui s'est traduit par une amélioration substantielle des conditions de logement. En définitive le gain de pouvoir d'achat a été totalement absorbé dans l'accroissement du nombre de logements.

Quand on raisonne au niveau des ménages pris individuellement, on fait abstraction du nombre de logements parce qu'il n'a de signification qu'au niveau de l'ensemble du marché. A ce niveau, on ne constate pas de gain de pouvoir d'achat. Mais comme il y a moins de personnes à loger par logement, la consommation de logement par personne a significativement augmenté, notamment sous la forme de la surface occupée. L'aspect démographique de ce phénomène économique est la fragmentation de la population en un plus grand nombre de ménages. Et c'est l'accroissement du nombre de logements qui l'a permis.

Si la construction de logements continue au même rythme dans les années à venir, le nombre de logements continuera à s'accroître et, s'ils sont occupés, le nombre de ménages augmentera également. Du point de vue du pouvoir d'achat, cet accroissement contribuera à répartir le revenu disponible global en un plus grand nombre de ménages et donc à diminuer encore le pouvoir d'achat logement par ménage.

Toute cette analyse est fondée sur l'évolution des loyers. Mais les ménages ne sont pas que locataires, ils sont aussi acquéreurs. Or il est avéré que le prix a augmenté plus que les revenus. Qu'en est-il alors du pouvoir d'achat à l'acquisition ?

Le pouvoir d'achat à l'acquisition n'a pas diminué

Pour déterminer le pouvoir d'achat à l'acquisition, il est fréquent que l'on rapporte le prix des logements au revenu courant. On calcule, par exemple, le nombre d'années de revenu nécessaire pour acheter un logement donné, ou bien la surface de logement que peut acquérir un ménage d'un revenu donné. On constate dans tous les cas que le pouvoir d'acquisition a diminué depuis 2000. Qu'est-ce que cela signifie ? Il est clair que les prix ont augmenté plus vite que les revenus, mais cette divergence d'évolution ne représente pas une diminution de la capacité à payer des ménages. Autrement dit, ce calcul n'est pas pertinent.

Un calcul de pouvoir d'achat n'est pertinent que lorsqu'on rapporte un prix avec le revenu qui sert à payer le prix considéré. Or les ménages n'achètent pas leur logement avec leur revenu courant. Lorsqu'ils achètent, ils ne font d'ailleurs pas ce calcul-là, ni les banques. Assez rarement les ménages achètent comptant. Dans ce cas, le paiement provient d'une épargne constituée à partir des revenus antérieurs, en y incluant les dons et legs reçus. Quand les ménages payent leur logement à crédit, les acquéreurs et les banques se réfèrent à l'apport personnel du ménage et à sa capacité d'emprunt. La plus grande part du financement est fournie par la banque que les ménages remboursent par mensualités avec leurs revenus ultérieurs. Dans les deux cas, le revenu courant n'intervient pas directement. Il n'intervient que pour définir la capacité de remboursement des prêts, qui dépend aussi des conditions de prêt.

L'analyse économique réunit les deux modes de financement d'une acquisition, épargne antérieure et capacité d'endettement, en considérant que c'est le revenu du cycle de vie qui doit être pris en considération. Ce revenu est la somme de l'ensemble des revenus que perçoit une personne ou un ménage au cours de sa vie, en y incluant tous les revenus, ceux du travail, de l'épargne et le solde des dons et legs reçus et octroyés. C'est donc à ce revenu qu'il est pertinent de rapporter le prix des actifs logements.

Pour évaluer le pouvoir d'achat de l'acquéreur-emprunteur il faut tenir compte des conditions des prêts, notamment en termes de durée et de taux. Si on veut rapporter une dépense d'acquisition au revenu courant de l'acquéreur, c'est la mensualité du prêt qu'il faut retenir. Depuis 2000, les taux ont quasiment diminué de moitié et la durée des prêts a doublé. On peut calculer l'évolution de l'annuité qui résulte des évolutions du prix des logements, de la durée moyenne des prêts et du taux d'intérêt des emprunts. Il en résulte que la capacité d'emprunt a doublé en laissant inchangé le poids de la mensualité dans le revenu du ménage. Le pouvoir d'achat de l'emprunteur a donc doublé en 15 ans pour l'ensemble des ménages.

Si l'on s'intéresse aux seuls accédants, l'enquête nationale logement 2006 montre qu'ils se recrutent davantage dans les tranches de revenu élevées que précédemment. Autrement dit le revenu des emprunteurs a davantage augmenté que celui de l'ensemble des ménages, du moins jusqu'en 2006. Plus aisés, les ménages accédants peuvent donc emprunter davantage. C'est ce que confirment les statistiques de l'Autorité de Contrôle Prudentiel et de Résolution, l'ACPR, disponibles depuis le début des années 2000, qui montrent que le taux d'effort des nouveaux accédants est resté stable, inférieur en moyenne à 30%.

En définitive, l'observation des faits montre que les revenus des ménages ont accru leur capacité de dépenses en logement. Qu'en ont-ils fait ? D'une part ils ont augmenté leur consommation de logement en nombre, en se répartissant en un plus grand nombre de ménages, ce qui n'a été possible que parce que le nombre de logements s'est lui-même accru d'un montant au moins égal, en fait bien supérieur. D'autre part, ils ont vu leur capacité d'endettement augmenter, ce qui leur a permis d'emprunter davantage et de payer deux fois plus cher les logements qu'ils voulaient acheter.

On a déjà indiqué que ce sont les demandeurs qui font les prix. En effet, les détenteurs des biens immobiliers, qu'ils soient vendeurs ou bailleurs, cherchent toujours à en obtenir le prix ou le loyer le plus élevé. Par ailleurs, la majorité des biens immobiliers concernés par le marché locatif ou de cession sont des biens existants. Les propriétaires de ces biens n'ont donc pas de référence à un coût de production, à la différence des offreurs d'autres biens dont le prix de vente doit couvrir le coût des matériels et de la main-d'œuvre qui a contribué à les produire. Les bailleurs ou les vendeurs de biens immobiliers ont ce qu'on appelle dans les ventes aux enchères un prix de réserve, c'est-à-dire un prix en dessous duquel ils ne voudront pas céder le bien. S'ils sont dans l'obligation de vendre ou de louer, il est rationnel que leur prix de réserve soit zéro. Si leur prix de réserve est plus élevé que le prix du mieux disant, c'est-à-dire celui qui offre le plus, ils resteront avec leur bien sans trouver d'acquéreur. Dans tous les cas, c'est le demandeur qui fait le prix. De quoi dépend ce prix ? Il dépend du bien considéré, des goûts du demandeur et de sa capacité de paiement. Dans ce mécanisme de marché, chaque demandeur définit le prix maximal qu'il est disposé à payer pour le bien considéré. L'allocation des biens se fait par un mécanisme d'enchères à partir des biens les plus demandés. Chaque bien est attribué au plus offrant parmi les demandeurs pas encore servis.

Ce mécanisme est à la fois un mode d'allocation des biens immobiliers entre les demandeurs et un mode de fixation du prix des ces biens. Il s'ensuit que les prix ou les loyers ne sont jamais trop chers pour les demandeurs puisque ce sont eux qui les fixent. Si le prix d'un bien est trop élevé pour un ménage eu égard à ses goûts et ses besoins et ses capacités financières, il se rabat sur un logement moins cher. Dans les grandes agglomérations françaises où il y a une préférence pour le centre, l'obtention d'un bien moins cher se fait en s'éloignant du centre. Cette préférence pour le centre est particulièrement accentuée en région parisienne où la forte préférence pour Paris *intra-muros* se manifeste dans un prix qui est le double du prix moyen de la proche banlieue (première couronne).

Il s'ensuit aussi que l'évolution des prix est déterminée par la capacité à payer des ménages. C'est ce qui explique que le prix des loyers ait évolué approximativement comme l'ensemble des prix. C'est ce qui explique aussi le doublement des prix de l'immobilier depuis la fin des années 90 qui est imputable au doublement de la capacité d'endettement avec une charge financière rapportée aux revenus assez stable.

Rappelons aussi que ce sont les loyers qui déterminent les prix et non l'inverse. Plus précisément, c'est le loyer futur qui détermine le prix présent, par l'intermédiaire du taux de rendement. Sous quelques hypothèses simplificatrices, le prix des logements est égal à leur loyer divisé par le taux de capitalisation. Quand on achète pour occuper, le mécanisme est le même à partir du loyer imputé que le propriétaire se verse à lui-même, c'est-à-dire celui qu'il paierait s'il était locataire. Il y a donc équivalence économique entre les deux statuts.

Dans les deux cas, l'investisseur n'effectue pas nécessairement un calcul économique formalisé. Le marché locatif ou de revente du bien se charge de lui montrer si sa pratique est cohérente avec les déterminants du marché. Le marché de l'usage est bien le marché directeur.

Le fait que les prix aient doublé depuis 15 ans sans que les loyers aient significativement augmenté résulte du fait que le taux de rendement a diminué. Ce dernier, qui évolue comme les taux d'intérêt, a été divisé par deux depuis la fin des années 90. C'est donc la diminution de moitié du taux de rendement qui a conduit le prix des actifs à doubler pour un niveau de loyer à peu près constant. Le doublement des prix a maintenu l'équivalence entre les statuts de propriétaire et de locataire. Ce mécanisme est également valable pour les autres actifs. L'enrichissement des détenteurs de patrimoine est donc dû à une augmentation de la capitalisation des revenus futurs plus qu'à un prélèvement accru sur les richesses produites.

Les logements existants ont été produits et de nouveaux logements continuent à l'être. Ils ont, ou ils ont eu, un coût de production pour leurs promoteurs et constructeurs. Ce coût de production est déterminé par le prix de vente. Ce mécanisme n'est possible que parce que les producteurs de logement anticipent le prix de sortie du bien, tout comme l'investisseur est censé anticiper le niveau des loyers. Cette détermination du coût de production par le prix de marché n'est possible que parce qu'une des composantes du coût de production, le foncier, n'est pas produite. Le prix foncier est donc la variable d'ajustement des prix de l'immobilier. Comme le disaient déjà les chercheurs dans les années 70, ce n'est pas parce que le sol est cher que le prix des logements est élevé, mais parce que le prix des logements est élevé que le prix du sol l'est aussi. Le prix du sol absorbe l'essentiel de la hausse, ce qui produit un phénomène multiplicateur de la hausse du prix des biens sur les prix fonciers. Le doublement du prix des logements a conduit à une multiplication des prix fonciers par 4 ou 5.

Ce raisonnement vaut pour les logements existants. Mais qu'en est-il des logements neufs ?

Combien coûtent les logements neufs ?

Rappelons d'abord que, du point de vue économique, ce qu'on observe est la valeur d'un produit laquelle est le résultat de la multiplication du prix unitaire par la quantité. Par ailleurs un prix n'est que relatif. Autrement dit, ce qu'on peut mesurer ce sont des écarts de prix, dans le temps, dans l'espace, ou entre toutes autres catégories de bien. Dans la vie courante on évoque des prix absolus, notamment sous la forme de prix au m², avec l'idée qu'en divisant la valeur par la surface on a éliminé la plus grande part de la composante quantité. Mais ce n'est qu'une approximation. Pour isoler la composante prix il faut aussi prendre en considération les autres caractéristiques de volume et notamment la qualité. Ici, faute de mieux on se limitera au prix au m².

La statistique publique, en l'occurrence le Service de la Donnée et des Etudes Statistiques du Commissariat Général au Développement Durable, ne publie comme prix au m² que ceux des appartements neufs, issus de l'Enquête sur la Commercialisation des logements neufs (ECLN). Ce prix est de 3777€ en 2011 et 3861€ en 2012.

Mais on ne construit pas que des appartements. On construit des maisons individuelles, en plus grand nombre que les appartements d'ailleurs. Parmi celles-ci, il faut distinguer celles produites par un promoteur, correspondant à peu près dans les nomenclatures à de l'individuel groupé, et celles dont l'acquéreur est à l'initiative de la construction et qui relèvent de l'individuel diffus ou pur. Les maisons en diffus représentent 51% de la totalité des surfaces de logement, l'individuel groupé 14%, et les logements collectifs 35%. Les premières sont plus petites, construites sur des parcelles également plus petites et en périphérie moins éloignée des centres que les maisons en individuel pur, plus grandes, construites sur des parcelles plus grandes et moins chères.

Concernant l'individuel groupé, l'ECLN fournit le prix du lot, c'est-à-dire de la maison entière, soit 247 100€ en 2011 et 250 400€ en 2012. On peut estimer la surface moyenne de ces maisons en utilisant la donnée de surface des logements commencés issue de la statistique des permis de construire de la base SIT@DEL2, en l'occurrence les permis de construire groupés. Cette surface est stable dans le temps, 95 m² en 2011, 96 m² en 2012. Ceci donne un prix au m² d'environ 2100€.

Concernant l'individuel pur, il n'existe pas de prix de vente à proprement parler puisque ces maisons sont réalisées à l'initiative des ménages qui en seront les propriétaires occupants. Le ménage acquiert séparément le terrain et la construction. Mais la réalisation de ces maisons fait supporter aux ménages un certain prix de revient dont on connaît les données par l'Enquête sur le prix des terrains à bâtir, qui porte aussi sur les coûts de la construction. En 2011, le prix de revient des maisons (construction plus terrain) était de 209 000€ pour une surface moyenne de 131 m² fournie par les statistiques de permis de construire de la base SIT@DEL2. Ceci conduit à un prix de revient moyen au m² de maison de 1595€.

On constate la forte différence de prix au m² des logements neufs selon leur nature. Entre les appartements et les maisons individuelles en diffus, l'écart est de plus de 1 à 2. Les maisons individuelles groupées ont un prix intermédiaire. Une bonne partie de ces écarts provient des différences de localisation qui se manifestent dans les différences de prix fonciers. En pondérant les prix au m² par les surfaces construites, on obtient un prix moyen de l'ensemble des logements neufs de 2452€/m² en 2011.

Si l'on revient sur l'appréciation du rapport du Sénat citée en début de chapitre, la réalité apparaît sous un nouveau jour. Il n'y a pas eu « d'envolée des loyers ». Ils ont augmenté à peine plus que l'inflation. Le pouvoir d'achat locatif de la population s'est accru de manière sensible, mais celle-ci l'a consacré à se fragmenter en un plus grand nombre de ménages-logements. L'augmentation des prix n'a pas rendu plus difficile l'accession à la propriété, puisque l'effort que les ménages font pour accéder est resté stable. Par ailleurs le nombre d'accédants s'est accru dans la période 2000-2006. Une erreur d'appréciation sur la situation réelle est donc commise, erreur assez communément partagée.

On mesure les conséquences que la méconnaissance de la réalité de l'état du marché et des mécanismes économiques à l'œuvre qui y sont à l'œuvre peut avoir sur la politique de logement. C'est le cas en particulier de celle qui veut faire baisser les prix des logements en agissant sur les coûts de construction, par allègement des normes de construction, et sur les prix fonciers en utilisant le foncier public pour alimenter le marché. Ce n'est pas en agissant sur ces variables que les prix de l'immobilier vont baisser. Comme les prix sont déterminés par les acquéreurs, une action sur les prix de production ne peut qu'être largement absorbée par les opérateurs du marché, entreprises de bâtiment ou promoteurs, voire par les acquéreurs qui auront sous-payé leur acquisition. Le vrai prix de ces logements apparaîtra en cas de revente où se révèlera le prix de marché sans intervention publique. Rappelons aussi que ce type d'action, notamment dans le domaine de la politique foncière, a déjà été mis en œuvre dans le passé sans davantage de succès.

Chapitre 5
Logement, construction et croissance

Economiquement, le logement n'est pas seulement un bien que les ménages se procurent en effectuant une dépense ; c'est aussi un contributeur à l'activité économique du pays. C'est l'aspect sous lequel on va l'évoquer ici.

Le logement contribue à l'activité économique de deux manières. C'est d'abord un produit qui consiste dans la construction de logements neufs et dans les travaux sur des logements existants. Techniquement, la construction d'un logement neuf est la réalisation d'un bâtiment sur un sol. Seul le bâtiment est produit, le sol ne l'est pas et on le retrouve en principe identique quand on retire le bâtiment.

La production de bâtiment à usage de logement relève de la branche construction. Figure également dans cette branche la production de bâtiments à usage non résidentiel. Cette définition négative indique la grande diversité des bâtiments considérés. Il s'agit en effet des bureaux, des locaux commerciaux, de ceux à usage de service public, etc. La branche construction englobe aussi l'activité des travaux publics ou du génie civil ou agricole c'est-à-dire la construction de routes, de ponts, de voies ferrées et des réseaux d'eau, d'assainissement, etc.

L'autre contribution du logement à l'activité économique est celle de son utilisation. L'usage des logements comme celle des autres biens immobiliers représente une valeur économique. Elle relève de la branche « activités immobilières », où est aussi comptabilisée l'activité des professionnels qui contribuent à la gestion du parc existant. La valeur de l'utilisation des biens immobiliers est représentée par le loyer, loyer effectif dans le cas d'un logement locatif, loyer dit imputé dans le cas d'un logement occupé par son propriétaire.

On voit la différence de nature entre ces deux activités, de production et d'usage. La première est une activité qui s'apparente à l'industrie, même si les logements ne sont pas produits sur une base industrielle. Elle consiste en la production de biens matériels, qui, étant durables, ont la nature d'un investissement, dénommé « formation brute de capital fixe » en comptabilité nationale. En revanche, l'usage des logements est une activité de service. Elle n'a de consistance économique que lorsque le logement est utilisé. Un logement vide ne produit aucune valeur. En tant que service, il ne fait l'objet que d'une consommation et non pas d'investissement ou d'échanges extérieurs.

La mesure des activités économiques est comptabilisée dans le Produit intérieur brut, le PIB, qui constitue l'indicateur de référence de l'activité d'un pays et dont l'évolution est ce qu'on appelle « la croissance économique ». Comme son nom l'indique, le PIB est un produit intérieur, c'est-à-dire réalisé à l'intérieur des frontières d'un pays, quelle que soit la nationalité des producteurs. Il est évalué de manière brute, c'est-à-dire avant déduction de l'amortissement des équipements, dénommé « consommation de capital fixe ».

Le PIB est une production mesurée par la somme des valeurs ajoutées des producteurs des différentes branches. Il n'a donc pas la dimension d'un chiffre d'affaires. La valeur ajoutée s'obtient en retranchant de la valeur de la production, qui, elle, a la dimension d'un chiffre d'affaires, celle des biens et services dont l'utilisation a permis la production du bien considéré, qui sont les

« entrées intermédiaires ». La valeur ajoutée sert à rémunérer le travail et le capital utilisés pour la production, dénommés « facteurs de production ».

La construction de logements neufs et les travaux représentent en valeur ajoutée environ la moitié de la branche construction, soit 3% du PIB. La construction de logements neufs, pour la partie bâtiment, représente à peu près la moitié de la construction de logements. Autrement dit, en termes d'activité du bâtiment, les travaux sur les logements existants représentent en valeur ajoutée l'équivalent de la construction annuelle des 300000 logements. L'utilisation des logements représente environ 8,5% du PIB. Au total le logement contribue donc pour 11,5% à l'activité économique, mais dans ce chiffre près des 3/4 proviennent de l'usage des logements. Cet usage nécessite des logements, mais peu d'autres biens et services.

En termes d'emplois, la construction utilise proportionnellement un peu moins de main-d'œuvre que son poids dans le PIB, à cause du poids plus important des entrées intermédiaires. Quant à l'usage des logements, il ne génère que très peu d'emplois. Au total le logement contribue moins à l'emploi que son poids dans le PIB. Signalons aussi que l'emploi industriel, y compris l'agriculture et la pêche, mais hors construction, représentent moins de 15% des emplois. Ces derniers sont en France très majoritairement dans le secteur tertiaire.

Ces données relativisent déjà l'importance de la construction dans le maintien ou le développement de l'emploi. Mais on peut être plus précis en mesurant les effets multiplicateurs sur l'emploi et l'activité économique générale d'une relance de la construction comparée à celle des autres branches d'activité.

Les sommes consacrées à la construction proprement dite vont avoir deux effets. D'une part, elles vont accroître directement cette activité en créant de la valeur ajoutée, dont la réalisation nécessitera davantage de travail. Concernant le capital, on considère habituellement qu'un accroissement limité de l'activité s'effectue en utilisant les équipements existants sans recourir à des équipements supplémentaires. On a donc affaire à une amélioration du taux d'utilisation du capital. L'accroissement direct de l'activité de la construction se mesure par le poids de la valeur ajoutée dans la production de construction.

D'autre part, l'accroissement de l'activité de construction, comme celle de toute autre activité, a un effet indirect. En effet cet accroissement va nécessiter l'augmentation des entrées intermédiaires. Pour la construction, ces entrées intermédiaires consistent notamment en matériaux de construction et en équipements pour le second œuvre du bâtiment, mais aussi en activités de services de toute nature, locations de matériel, intervention d'experts, etc. La comptabilité nationale fournit dans le tableau entrées-sorties les quantités des différentes branches requises pour la production de la construction. En supposant qu'un accroissement modéré de la construction entraîne un accroissement proportionnel des consommations intermédiaires, on peut calculer l'effet global sur l'activité de cet accroissement de construction. On peut aussi en déduire l'effet global sur l'emploi de l'accroissement de la construction[19].

Un premier résultat est qu'un accroissement de construction de 1 (milliard € par exemple) a un effet multiplicateur sur l'activité moindre que 1, en l'occurrence 0,57. Dans le classement des branches de l'économie selon leur effet multiplicateur, la construction est au 12ème rang

---

[19] Pour un exposé complet de la méthode et des résultats voir du même auteur : « Effets d'une relance de la construction sur l'économie et l'emploi », www.politiquedulogement.com, mars 2016.

sur les 17. Elle se trouve juste avant les branches proprement industrielles. Les branches les plus efficaces en termes de soutien de l'activité économique sont donc les branches de services. En ce qui concerne l'effet multiplicateur sur l'emploi, la branche construction est aussi au 12ème rang sur 17. On conçoit que cet effet plutôt médiocre des branches industrielles et de la construction résulte du fait qu'elles ne mobilisent pas seulement du travail et du capital, mais aussi des matières ou des matériaux dont il faut payer le prix et dont la valeur est génératrice de peu de valeur ajoutée.

Les résultats sont différents en ce qui concerne la branche « activités immobilières », constituée majoritairement de l'usage des locaux. L'effet d'un accroissement de 1 (milliard € par exemple) a un effet multiplicateur sur l'activité de 1. En d'autres termes on retrouve intégralement la dépense supplémentaire sous forme d'accroissement de richesse produite. Cet effet multiplicateur suppose que les biens immobiliers existent déjà, conformément à l'hypothèse que le capital reste inchangé. En matière de logement l'accroissement de l'usage pourrait aisément s'opérer dans ces conditions étant donné l'importance du nombre de logements vacants. Loger les sans-abris et les réfugiés dans des logements vacants accroîtrait la richesse produite avec des coûts supplémentaires limités. En revanche l'effet de cet accroissement sur l'emploi serait des plus médiocres. La branche « activités immobilières » se situe au 14ème rang sur 17 des activités économiques.

Par ailleurs l'activité de construction a un fort impact environnemental négatif. La construction de logements contribue à la consommation de sol, improprement appelée « artificialisation des sols »[20], et à l'utilisation de

---

[20] L'artificialisation des sols consiste aussi dans l'utilisation du sol comme jardins, qui représentent la moitié des surfaces consacrées au

matières. Elles sont soit prélevées directement sur l'environnement comme les sables et graviers, soit produites avec des effets néfastes sur l'environnement comme la production de matériaux de construction.

---

logement chaque année. En quoi un jardin est-il plus artificiel qu'un champ cultivé ?

Chapitre 6
Logement et inégalités

La question des inégalités est posée de manière récurrente en France ces dernières années. On l'évoque aussi à propos du logement, notamment en ce qui concerne sa localisation. Qu'en est-il réellement ?

Commençons par observer que dans un pays qui a érigé l'égalité comme un principe républicain, le terme d'inégalité possède une forte connotation négative. Rappelons que le principe d'égalité énoncé à l'article 1 de la Déclaration des Droits de l'Homme et du Citoyen de 1789 concerne l'égalité des droits : « Les hommes naissent et demeurent libres et égaux en droits. Les distinctions sociales ne peuvent être fondées que sur l'utilité commune ». La référence qui est faite dans la seconde partie aux « distinctions sociales » acceptables ne concerne aussi que les différences de droits. Il n'est pas fait référence à d'éventuelles différences économiques.

Si on veut éviter les connotations négatives attachées aux inégalités économiques et aborder cette question dans un esprit de neutralité scientifique, il vaudrait mieux parler de distribution, celle des revenus, des patrimoines, des chances ou d'accès à telle ou telle voie.

Disparités des conditions de logement

Il existe des disparités dans les conditions de logement. En particulier un certain nombre de résidents en France n'ont pas de logement ou ont des conditions de logement inférieures aux standards minima d'un logement décent. Le nombre de personnes dans cette situation dépend de la définition que l'on donne d'un logement décent. Sans tomber dans une conception extensive du mal-logement, la partie de la population dans cette situation est très faible. En revanche, une autre partie peut bénéficier de conditions de logement très confortables. Rappelons aussi que le logement est multidimensionnel et que les conditions de logement peuvent s'apprécier sous différentes caractéristiques, la surface, la qualité intrinsèque du logement, la localisation, etc. La localisation peut elle-même s'apprécier en termes d'agrément du site et de localisation par rapport à d'autres biens et services, équipements de transports, services publics locaux, emplois, etc. Bref l'appréciation des conditions de logement n'est pas aisée à réaliser de manière complète ou synthétique. Les statistiques globales dont on dispose tendent à montrer que la majorité de la population est logée dans des conditions décentes, tant en ce qui concerne la taille du logement qu'en ce qui concerne les conditions de confort.

Pour autant, dans cette grande masse de population, des disparités existent. On peut les mesurer par la valeur du service logement qui s'exprime dans les loyers effectifs ou imputés (celui que les propriétaires paieraient s'ils étaient locataires). Ces disparités sont largement dues à des différences de pouvoir d'achat, résultant du revenu, du patrimoine accumulé ou reçu ainsi que de la capacité à s'endetter.

Un premier fait mérite d'être noté : globalement les inégalités de logement sont moindres que celles des revenus qui en sont à l'origine. Autrement dit, il y a plus de différences entre les revenus des ménages qu'entre la valeur locative du service logement qu'ils consomment. L'explication tient d'abord à une caractéristique du comportement de consommation de logement des ménages : quand le revenu des ménages augmente, ces derniers consomment plus de logement, mais proportionnellement moins que l'accroissement de revenu. La pente des revenus est plus forte que la pente des consommations de logement. En termes plus économiques l'élasticité revenu de la consommation de logement est inférieure à 1. Ce comportement signifie que les ménages considèrent le logement comme un bien de base qui doit satisfaire un besoin fondamental. Ce besoin une fois satisfait, l'excédent de consommation de logement est peu sensible au revenu. Une autre explication réside dans les interventions publiques dont au moins une partie sert à améliorer les conditions de logement des plus modestes. L'état, plutôt moins inégalitaire en matière de logement qu'en matière de revenu, va peut-être à l'encontre de certaines impressions d'inégalités, mais celles-ci ne sont pas confirmées par l'observation statistique. Les inégalités dans le logement sont néanmoins plus visibles et peut-être par-là plus mal supportées que les inégalités dans le domaine des revenus, de l'alimentation, des vêtements, ou des loisirs. En particulier les différences de capacité de paiement des ménages en matière de logement se manifestent dans leur localisation. Mais il faut remarquer que, même s'ils disposaient de la même capacité à payer, les ménages ne pourraient pas pour autant accéder aux mêmes logements. Les logements sont eux-mêmes différents, ce qui génère une différence inévitable.

Inégalités de patrimoine dues au logement

Les inégalités dans le logement ne se manifestent pas que dans les conditions de logement. Elles consistent aussi dans des inégalités de patrimoine, résultant des différences de statut d'occupation. Un propriétaire occupant ou bailleur dispose d'un patrimoine logement alors que le locataire n'en bénéficie pas, sauf s'il détient un autre bien immobilier par ailleurs.

Remarquons d'abord que la mesure d'un patrimoine peut être brute ou nette. Un logement détenu est un élément d'actif patrimonial, mais il peut être grevé d'une dette qui constitue un passif. Le patrimoine net est la différence entre l'actif et le passif. Une partie des propriétaires occupants de logement sont dégagés de charges d'acquisition. Leur nombre représente environ 40% des ménages. Mais une partie des propriétaires, de l'ordre de 20% de l'ensemble des ménages, sont accédants à la propriété, c'est-à-dire remboursent un prêt. La date d'acquisition et les conditions du prêt déterminent le capital restant dû sur le prêt, et donc le passif financier. Les accédants ont donc un patrimoine net significativement inférieur à leur patrimoine brut. Le poids de la dette des accédants contribue à réduire les inégalités de patrimoine net.

Globalement, la répartition des patrimoines est beaucoup plus inégalitaire que celle des revenus[21]. Etre on non propriétaire d'un logement est donc un facteur d'inégalité de patrimoine. Pour autant, la propriété d'un logement est une des premières formes de constitution d'un patrimoine. Elle est assez générale : plus de 60% des ménages sont propriétaires occupants, auxquels il faut ajouter les ménages non propriétaires occupants, mais propriétaires bailleurs ou propriétaires d'une résidence secondaire, ce qui rajoute quelques pour cent. Mais le taux de propriétaires et la valeur du patrimoine logement sont corrélés positivement avec le revenu.

Les inégalités de patrimoine se sont incontestablement accrues de manière significative depuis 15 ans. Mais il

---

[21] « Les inégalités de patrimoine s'accroissent entre 2004 et 2010 », INSEE Première, n°1380, novembre 2011, http://www.insee.fr/fr/themes/document.asp?ref_id=ip1380#inter2

faut préciser. La valeur des patrimoines bruts a doublé depuis la fin des années 90. Par conséquent l'écart entre ceux qui ont un patrimoine et ceux qui n'en n'ont pas s'est lui aussi accru. Parmi ceux qui ont un patrimoine logement, il ne semble pas qu'il y ait eu un accroissement significatif des inégalités. La raison en est que l'accroissement des patrimoines est imputable à la diminution du taux d'actualisation qui transforme les revenus futurs en valeur patrimoniale. Ce doublement de valeur des actifs patrimoniaux a affecté l'ensemble des actifs logement et autres que le logement de la même manière. Ils ont donc connu à peu près la même hausse de prix comme l'attestent les différents indices de prix des logements publiés par l'INSEE.

Ce sont les hauts patrimoines qui font les hauts revenus et non l'inverse

Les faits rapportés précédemment invalident une thèse assez répandue selon laquelle l'augmentation des patrimoines est imputable à l'augmentation du prélèvement sur la richesse produite. En particulier dans le cas de l'immobilier, l'augmentation de la valeur des patrimoines n'est pas imputable à l'augmentation du revenu qu'ils génèrent, les loyers, comme le montre le graphique 1 page 12. La courbe des loyers est restée plate depuis 2000 tandis que celle des prix connaissait une croissance importante. C'est bien l'évolution du taux de capitalisation qui transforme les revenus en valeur patrimoniale, qui est à l'origine de la hausse des prix.

Ce mécanisme vaut aussi pour les autres actifs patrimoniaux. Si l'on prend comme indicateur de prix des actifs financiers l'indice CAC 40, en partant d'un niveau 100 en janvier 1996 comme pour les prix immobiliers, il se trouve en 2016 à 165 quand le prix des logements est à

186 (inflation déduite). Les valeurs boursières ont augmenté non pas sous l'effet d'une augmentation des dividendes versés, mais bien sous l'effet de l'évolution de leur taux de capitalisation. En revanche, la volatilité des dividendes plus forte que celle des loyers explique les fluctuations plus marquées des cours des actifs boursiers.

Ce mécanisme exonère les détenteurs d'actifs d'une large part de leur responsabilité dans les plus-values de leur patrimoine. Le ménage propriétaire d'un logement qui valait 100 000€ en moyenne avant la flambée des prix et qui voit son logement valoir 200000€ n'a rien fait pour cela. Il en est de même dans une certaine mesure pour les détenteurs d'actifs financiers.

Dès lors on peut avancer une autre explication du relatif accroissement des inégalités de revenu. En France ces inégalités ne se sont accrues ces dernières années que faiblement si on les mesure par un indice synthétique comme l'indice de concentration de Gini[22]. Pour faire apparaître un accroissement des inégalités il faut s'intéresser, comme le fait Thomas Piketty, aux 1% des plus hauts revenus[23]. On suggère que c'est l'accroissement des valeurs patrimoniales qui est à l'origine de l'accroissement des inégalités de revenu et non l'inverse. Ceci résulte du fait que les plus hauts revenus sont constitués d'éléments de patrimoine.

Dans le secteur de l'immobilier, c'est le cas par exemple des revenus des notaires qui consistent en un pourcentage, c'est-à-dire une part, de la valeur des biens

---

[22] L'indice dû à Gini est un indice assez couramment utilisé pour mesurer les inégalités de manière synthétique.

[23] « Le capital au 21ème siècle », Seuil, 2013. Pour un commentaire de cet ouvrage du point de vue de l'immobilier, voir « Capital et propriété immobilière : à propos de l'ouvrage de Thomas Piketty « Le capital au 21ème siècle », sur le site de l'auteur www.economieimmobiliere.com .

immobiliers échangés. C'est aussi le cas des agents immobiliers dont la rémunération est déterminée de la même manière. Dans leur cas toutefois, l'accès assez aisé à la profession a abouti à un accroissement du nombre de personnes rémunérées à peu près dans les mêmes proportions que les rémunérations, laissant ainsi les rémunérations individuelles quasi inchangées. Dans le cas des notaires, le *numerus clausus* qui prévalait jusqu'à la réforme Macron, a au contraire produit un accroissement de rémunération considérable.

Le même mécanisme joue aussi pour les revenus issus des autres formes de patrimoine. Les dirigeants d'entreprise dont les rémunérations ont considérablement augmenté sont rémunérés assez largement en actions d'entreprises, c'est-à-dire en parts de patrimoine. Notons aussi que ces rémunérations sont souvent des options sur des titres de l'entreprise proposées à un prix bénéficiant d'un fort rabais par rapport à la valeur de marché. Le revenu n'est effectif que lorsque l'option est activée, ce qui dépend assez largement de l'évolution des cours de bourse. Comme tout patrimoine, ces revenus constitués d'éléments de patrimoine sont assez largement virtuels.

Troisième partie
La politique du logement

Chapitre 7
Les interventions publiques dans le logement

On s'intéresse maintenant aux interventions publiques en matière de logement. Le rôle de l'économiste dans cette affaire n'est pas de porter un jugement sur les objectifs, mais d'évaluer économiquement les moyens mis en œuvre pour les atteindre, et le cas échéant, de s'interroger sur la faisabilité de la politique et la cohérence des objectifs. En réalité les objectifs ne sont pas toujours explicités. Dans ce cas, ce sont les interventions elles-mêmes qui définiraient la politique du logement. En fait la première question à se poser est précisément de savoir s'il y a vraiment une politique du logement.

Y a-t-il une politique du logement ?

La question peut paraître incongrue quand on sait que les aides représentent plus de 41 milliards € en 2016 et que l'on constate la multiplicité des dispositifs d'intervention publique. Mais c'est précisément cette abondance de moyens et de dispositifs qui soulève la question de l'existence d'une politique que l'on peut définir comme un ensemble cohérent d'objectifs et de moyens. En réalité les objectifs sont rarement explicités en tant que tels et sont plutôt confus. Des considérations sur la situation du moment sont souvent évoquées à l'occasion de la création de ces dispositifs. Mais quand on les passe en revue dans leur multiplicité on ne peut que s'interroger sur leur cohérence et donc sur l'existence d'une politique du logement.

Examinons un peu plus en détail les aides en partant du décompte fourni annuellement par le Compte du Logement[24]. Dans le montant de 41 milliards, les aides à la personne et les autres aides du même type en représentent la moitié, les aides fiscales un tiers, le reste consistant en avantages de taux (financement du secteur HLM et prêts à taux zéro) et en subventions, essentiellement à l'investissement.

Quelle logique principale sous-tend ces aides ? Une réponse pourrait être donnée en considérant qui est aidé et qui ne l'est pas. Sont aidés tous les locataires du secteur social, ceux du locatif privé bénéficiant d'une allocation de logement et du plafonnement lié à certains dispositifs de défiscalisation mis en place depuis 1986, les investisseurs dans le secteur social (les organismes HLM) et ceux du secteur privé (avec les aides à l'investissement locatif), une partie des accédants à la propriété avec le prêt à taux zéro, tous les acquéreurs de logements neufs avec l'exonération temporaire de taxe foncière et une partie des détenteurs de logements plus anciens qui font des travaux d'amélioration de leur logement.

En définitive, on a plus vite fait d'identifier ceux qui ne sont pas aidés. Ne le sont pas au sens du Compte du Logement les propriétaires occupants qui ne font pas de travaux ouvrant droit à certains avantages. En réalité, même ces ménages bénéficient d'une aide fiscale qui est la non-imposition des loyers imputés, mais qui n'est pas

---

[24] Compte du logement 2015, Premiers résultats 2016, Collection Références, Commissariat Général au Développement Durable. Accessible en ligne : http://www.statistiques.developpement-durable.gouv.fr/donnees-densemble/1923/753/ensemble-comptes-logement.html

considérée comme telle dans le Compte du Logement[25]. Ne sont pas non plus aidés les locataires du secteur privé ne bénéficiant ni d'aide à la personne ni des dispositifs d'encadrement des loyers dans le cadre de la loi ALUR ou du plafonnement des loyers associés à certains dispositifs de défiscalisation de l'investissement privé. Au total, peu de personnes occupants ou investisseurs ne sont pas aidées au titre du logement qu'elles occupent ou qu'elles possèdent.

Quelle est alors la logique de ces aides ? En réalité, comme elles sont orientées tous azimuts, la logique n'apparaît pas avec évidence.

S'agit-il d'une politique sociale ? On montrera que la définition extensive du terme « social » pour désigner le secteur HLM (cf. chapitre suivant) fait que les aides dites sociales peuvent bénéficier à la plus grande partie de la population. C'est le cas pour le secteur HLM, mais c'est aussi vrai pour l'accession sociale et pour les aides à la personne dont bénéficient les étudiants qui ne sont pas majoritairement issus de milieux modestes. Mais quelle dimension sociale présentent les aides fiscales à l'investissement locatif privé qui ne profitent qu'aux plus aisés ?

S'agit-il d'aider l'investissement en logement neuf ? De fait beaucoup d'aides sont orientées vers l'investissement en logement neuf, que ce soit dans le secteur social ou dans le secteur privé. Mais il existe aussi des aides pour les travaux d'amélioration des logements dans le secteur privé comme dans le secteur social. Les utilisateurs de logements sont aussi aidés, notamment les locataires avec

[25] Ces loyers représentent un revenu en nature qui pourrait être fiscalisé. Il l'a été en France jusqu'en 1964. Il l'est en Suisse et en Allemagne, ce qui explique le plus faible taux de propriétaires occupants.

les aides à la personne. L'investissement n'est donc pas une priorité manifeste.

S'agit-il d'aider l'offre de locatif social ? Incontestablement oui. Le secteur locatif social est un des secteurs majeurs de l'intervention publique. Mais l'offre locative privée n'est pas non plus oubliée avec les dispositifs de défiscalisation.

S'agit-il d'aider l'accession à la propriété ? C'est le cas avec le prêt à taux zéro. Mais comme ne sont pas aidés les ménages qui investissent pour une occupation personnelle sans s'endetter ou qui s'endettent, mais sont au-delà des plafonds de revenu du prêt à taux zéro, on a plutôt affaire à une aide à l'endettement.

S'agit-il alors de favoriser la mixité sociale ? C'est au moins un objectif déclaré. Mais le caractère ambigu de la notion fait qu'on peut difficilement apprécier les moyens propres à l'atteindre. En premier lieu de quelle mixité sociale s'agit-il, c'est-à-dire par rapport à quelle caractéristique doit-elle s'apprécier ? S'agit-il de mixité selon le revenu, selon la typologie familiale, selon l'âge, selon la catégorie sociale, selon l'appartenance ethnique ou selon toutes ces dimensions à la fois ? En second lieu sur quel périmètre géographique doit-elle se mesurer ? L'immeuble, le quartier, la commune ? On conçoit que la mixité n'a pas le même sens à l'échelon d'une commune de la taille de Paris ou de celle d'une petite commune. On analysera plus loin le rôle qu'y joue le secteur HLM.

Si l'existence d'aides pour des finalités opposées se justifie par la volonté d'assurer un traitement égal de secteurs ou de statuts ou d'opérations différentes, le même résultat peut être obtenu en aidant ni les uns ni les autres.

La collectivité n'aide pas seulement l'offre et la demande de logement. Plus en amont dans la production de logement, elle soutient aussi l'épargne censée être destinée au logement, notamment dans deux circuits, celui de l'épargne logement et celui des livrets A.

Les interventions publiques en matière de logement comportent aussi une finalité environnementale qui est censée englober les autres sans que des priorités soient clairement définies. La finalité environnementale elle-même complexifie le problème du fait de son caractère multidimensionnel. En effet elle concerne aussi bien la question du réchauffement climatique que la défense de la biodiversité ou la consommation d'espace naturel, questions qui ne sont pas nécessairement corrélées.

Le logement est un des domaines dont l'impact sur la nature est un des plus importants. Il se manifeste d'abord par les emprises foncières des bâtiments d'habitation et de leurs accès, ensuite par les prélèvements de matériaux de construction, puis par la production des composants de la construction, notamment du béton dont la production est grosse consommatrice d'énergie. Il se manifeste également dans l'utilisation des logements dont le chauffage en fait un des premiers responsables des émissions de gaz à effet de serre.

Certes des dispositifs existent qui visent à limiter la dégradation de l'environnement, notamment la réglementation thermique sur les logements neufs et les aides à la rénovation des logements existants. Mais certaines orientations de la politique du logement sont contradictoires avec la protection de l'environnement. Par exemple le soutien à la construction contribue à étendre les emprises foncières utilisées pour le logement, alors même que c'est un des indicateurs retenus par les autorités publiques européennes pour mesurer les atteintes à l'environnement. Dans le même ordre d'idées, les interventions publiques aboutissent à soutenir la construction de maisons individuelles en secteur diffus qui seront génératrices de déplacements, le plus souvent en voiture, qui contribuent fortement à l'émission de gaz à effets de serre. En définitive les actions dans le domaine du logement en matière de défense de l'environnement ne montrent pas une totale cohérence.

Finalement, ce qu'il y a de plus manifeste dans les interventions publiques en matière de logement est le soutien de la construction et une politique de taux d'effort. On évoquera le second point en examinant les aides à la personne. On traite ici du soutien à l'activité de construction.

Une politique de soutien de la construction largement inutile et inefficace

La logique la plus visible des interventions publiques en matière de logement est l'aide à la construction. S'il n'y a pas de politique du logement, il y a sans doute une politique de construction. Il y a même un objectif de 500000 logements neufs par an qui transcende les choix partisans puisqu'il a été énoncé par les deux précédents présidents, Nicolas Sarkozy et François Hollande. L'idée a été reprise par Emmanuel Macron sous le terme de « choc d'offre ». La question est alors de savoir si une telle politique est nécessaire. Elle a pu l'être dans le passé quand il y avait un déficit de logements par rapport à des besoins définis sur la base de normes minimales de peuplement et de confort. Cela a été le cas jusque dans les années 70-80. Mais l'objectif de construction et les réalisations n'atteignaient pas les 500000 logements.

Par ailleurs, un soutien au secteur locatif privé a pu être justifié pour des raisons conjoncturelles dans les années 80. En effet, la première partie des années 80 a connu une contraction du parc locatif privé, visible dans les statistiques. Un soutien temporaire était justifié. Dès lors que le parc locatif privé avait atteint un niveau suffisant, ce soutien devait être supprimé.

Le soutien à la construction a désormais perdu sa pertinence depuis que le parc de logements vacants a commencé à s'accroître, manifestant un excès de l'offre de logements par rapport à la demande. On rappelle que le nombre de logements vacants augmente de 80 à 100000 par an depuis 2006 alors que le parc total augmente de plus de 300000 par an. Par conséquent, près d'un logement neuf sur trois contribue à vider un logement existant. Que ces constructions s'opèrent à partir des seules dépenses personnelles des investisseurs pourrait s'admettre, mais que ce résultat s'obtienne avec de l'aide publique est contestable.

Le logement neuf contribue donc à vider l'existant. Et ce mouvement est à l'œuvre entre les différents secteurs, quand les pouvoirs publics confèrent des avantages relatifs à l'un par rapport à l'autre. L'accession à la propriété contribue à vider le locatif. Le locatif social contribue à vider le locatif privé. Et l'aide publique contribue à accroître le locatif privé. Le résultat est un excès de logement non seulement par rapport à la demande, mais aussi par rapport aux besoins, même en les définissant de manière large.

Quant à l'effet du soutien de la construction sur l'activité économique en général, on en déjà indiqué les principes de base. On peut maintenant en donner une vue globale.

Commençons par observer que le prix des logements a doublé depuis 15 ans. C'est dire que, pour obtenir la réalisation d'un même logement et avoir le même effet sur la construction qu'il y a 15 ans, il faut mettre deux fois plus d'aide publique. A montant égal, le rendement de l'intervention publique a donc diminué de moitié en 15 ans. Aucune autre intervention publique n'a connu une telle évolution de son efficacité.

Remarquons ensuite que si la relance de la construction consiste dans la production de logements neufs, l'aide publique correspondante doit financer aussi le foncier, sans lequel il n'est pas de construction neuve et qui représente 30% environ de la valeur d'un logement neuf. La dépense de ces 30% bénéficie aux propriétaires des terrains dont on ne sait pas l'usage qu'ils vont faire du produit de leur vente. Toutefois il est raisonnable de penser qu'ils vont faire plutôt un arbitrage patrimonial qu'une dépense de consommation. Dans les dépenses pour le soutien à la construction de logements neufs, la partie consacrée au foncier aura donc peu d'effet macroéconomique.

Quant à l'effet de la croissance de la branche construction sur l'activité économique générale on a vu qu'il plaçait la branche au 12ème rang sur 17 des activités économiques. En termes d'effets sur l'emploi la construction est au même rang. Et encore n'a-t-on pas pris en considération les travailleurs détachés, c'est-à-dire ceux exerçant habituellement dans leur pays européen d'origine, dont on sait qu'ils sont majoritairement employés dans la construction. Ce recours réduit d'autant l'impact sur l'emploi en France.

La production de logements neufs a un effet direct sur l'activité de construction et un effet indirect sur la valeur correspondant à l'usage des logements telle qu'elle est mesurée par les loyers effectifs ou imputés. Mais cet usage des logements neufs ne constitue un accroissement de l'activité économique que si elle ne contribue pas à vider l'existant. Or c'est le cas. En effet, l'accroissement net de la valeur représentant l'usage des logements neufs est égal à la valeur de l'usage de ces nouveaux logements, diminuée de celle des logements libérés et désormais inoccupés. Si on considère que c'est environ 100000 logements existants qui sont vidés par la construction de 300000 neufs, on peut estimer à 600 millions € la perte annuelle de loyers effectifs ou imputés, c'est-à-dire pratiquement autant en Produit Intérieur Brut. Notons en outre que cette perte est durable parce que les logements libérés resteront inoccupés dans le futur, ces mêmes logements ou d'autres libérés à leur tour, tandis que les flux de construction sont annuels.

Pour un soutien durable de la construction il faut réitérer l'accroissement de construction ce qui augmenterait dans les mêmes proportions la perte résultant des logements vacants. C'est notamment ce qui s'est produit avec les aides à l'investissement locatif dont certaines n'ont pas vidé l'existant parce que les logements qui en ont « bénéficié » ne sont même pas occupés. Faute de locataires, les investisseurs n'ont pas pu bénéficier de la défiscalisation. Faute de locataires, ils n'ont pas bénéficié des loyers qui leur étaient nécessaires pour rembourser le prêt souvent contracté à cette fin. Cette perte a été chiffrée à 1 milliard € par Erwan Seznec dans son ouvrage sur la ruine de nombreux investisseurs avec les dispositifs de défiscalisation[26].

Cette situation indique aussi que l'aide publique peut ne constituer qu'un avantage illusoire. En effet elle ne représente une vraie économie que si elle n'est pas effacée par une moins-value. Or en moyenne les acquéreurs de logement depuis 2006 en ont subi une sur leur investissement. Par conséquent un certain nombre des ménages qui ont bénéficié d'un des dispositifs de défiscalisation depuis cette date ont d'ores et déjà perdu tout ou partie du bénéfice de leur avantage fiscal. Comme la remontée des taux d'intérêt conduira à une accentuation

---

[26] « Robien, Scellier, Ruinés : le plus grand scandale immobilier de l'après-guerre », Le Seuil 2013.

de la baisse des prix, ce phénomène d'effacement de l'avantage fiscal par une moins-value ne peut que s'aggraver.

De manière plus globale, le montant de l'avantage retiré par un investisseur d'une aide publique n'est égal à l'aide que si une partie de celle-ci n'est pas récupérée par un des intervenants dans le processus de production. L'évocation que fait Seznec de certains programmes d'investissement locatif montre que ces logements ont été surpayés. En particulier, la plupart des logements commercialisés à des fins de défiscalisation supportent des coûts de commercialisation spécifiques qui doivent être nécessairement couverts par le prix d'acquisition et qui ne seront pas valorisés comme investissement et seront donc perdus à la revente.

Un problème du même ordre se pose avec la TVA réduite sur certains travaux. Une partie de la baisse n'a pas été rétrocédée aux consommateurs par les entreprises sous forme de baisse de prix. Cette rétention est d'autant plus facile à mettre en œuvre que les clients ne font appel aux entreprises de bâtiment pour travaux que de manière occasionnelle. Les termes de comparaison des prix font donc défaut, à la différence des biens et services dont l'utilisation régulière rend beaucoup plus visible l'impact d'une baisse de TVA sur le prix. On a un indicateur indirect de la non rétrocession totale de l'aide par les entreprises de bâtiment dans l'accroissement de leurs bénéfices consécutivement à la baisse de la TVA sur les travaux.

Le dernier facteur de comparaison de la construction avec les autres branches pour l'effet sur la construction est le caractère incitatif. Autrement dit, un même montant d'aide publique contribue-t-il à accroître davantage la production de logements que celle d'autres biens et services ? On n'a pas d'évaluation comparée de ces effets.

Notons qu'il ne suffit pas d'observer que les aides publiques sont effectivement utilisées pour en apprécier l'effet incitatif. Il faudrait mesurer de combien s'accroît la production par rapport au niveau qu'elle aurait atteint sans aide. Comme quasiment tous les logements construits bénéficient d'une aide, il est douteux que ces aides contribuent à la construction de la totalité de ces logements. Ou pour le dire autrement, en l'absence d'aides incitatives à la construction, on construirait encore, mais sans doute de moindres volumes. On a vu que les besoins en logement pourraient cependant largement être satisfaits en utilisant les logements vacants.

En définitive, le soutien de l'activité de construction comme moyen de soutien de l'activité économique générale n'est pas des plus efficaces en comparaison des autres activités. S'il faut soutenir l'activité de construction, mieux vaudrait le faire dans d'autres domaines que le logement, par exemple la réfection des voiries ou des voies de chemin de fer ou encore la rénovation et la construction des prisons, domaines dans lesquels les besoins sont de notoriété publique.

Les mesures de soutien de l'activité économique sont des mesures de soutien conjoncturel. On peut s'interroger aussi sur l'impact du logement sur la croissance à long terme. La théorie économique expose que la croissance à long terme résulte de l'accroissement des facteurs de production, capital et travail, mais aussi des équipements collectifs et de la formation de la main-d'œuvre qui sont les déterminants de la « croissance endogène ». Si le patrimoine logement contribue à la production du service du logement, il ne participe pas aux autres déterminants de la croissance endogène. Il est essentiellement une dépense qui a pour seule raison d'être de satisfaire les besoins de la population. Une fois ceux-ci satisfaits, il n'y a pas lieu d'en produire davantage.

Chapitre 8
Le secteur locatif social

La constitution du secteur HLM (Habitations à Loyers Modérés) est la première intervention publique en matière de logement instaurée en France. Les principes fondamentaux ont été définis à partir de la fin du 19ème siècle et sont encore en œuvre actuellement : financement par la Caisse des dépôts sur l'épargne des ménages, loyers inférieurs au loyer de marché, organismes producteurs spécifiques dépendants des collectivités territoriales (les offices) ou dans la mouvance des entreprises (les sociétés anonymes, dites Entreprises Sociales pour l'Habitat, ESH). La dénomination de « social » pour caractériser le secteur HLM est récente. A l'origine ces logements étaient destinés aux familles de travailleurs. Leur construction en nombre significatif a commencé entre les deux-guerres puis s'est développée dans l'après-guerre jusqu'à aujourd'hui. Le parc locatif social représente actuellement 17% des résidences principales.

Dans les principes tout est clair. L'épargne populaire, celle des livrets A et des livrets bleus du Crédit Mutuel, finance les logements HLM destinés aux « personnes de ressources modestes ou défavorisées en contribuant à la mixité sociale », selon la formulation du Code de la Construction et de l'Habitation (article L-411). En réalité tout est beaucoup plus compliqué et il s'agit en réalité d'une véritable « usine à gaz » dont le bilan économique et social n'est pas aussi évident.

Pour y voir plus clair, suivons l'argent dans le circuit qu'il emprunte, de l'épargne initiale jusqu'aux logements financés et à leurs occupants.

Une épargne dite populaire mais en réalité très concentrée

A l'entrée du circuit se trouvent donc les dépôts sur les livrets A et les livrets bleus du Crédit Mutuel. C'est une épargne liquide, réglementée par les pouvoirs qui en fixent la rémunération ainsi que le montant maximum des dépôts. Les intérêts des dépôts sont totalement exonérés de prélèvements sociaux et fiscaux. L'utilisation des fonds est également réglementée.

Donnons quelques chiffres : les dépôts sur les livrets A et les livrets bleus représentent à l'automne 2017 un encours de l'ordre de 245 milliards €. Par comparaison, les encours de l'ensemble des prêts aux investisseurs en logement, ménages et personnes morales, dépassent 1200 milliards €, parmi lesquels 125 milliards de prêts aux organismes HLM.

Le rapport sur l'épargne réglementée que la Banque de France élabore chaque année donne des indications sur la collecte et les emplois. Cette épargne est populaire dans le sens où presque tout le monde a un livret. Le montant moyen des dépôts sur ces livrets est de l'ordre de 4000 €. Mais ce n'est qu'une moyenne, avec une forte dispersion autour de cette moyenne. De fait, à la fin de 2014, 3,5% des livrets atteignent le plafond des dépôts et représentent 20% de la masse des encours. A l'autre extrémité des montants, les livrets dont l'encours est inférieur à 150 € représentent 44,7% du nombre total de livrets et 0,3% de la masse des encours. On a donc affaire à une répartition concentrée entre les mains d'une minorité d'épargnants. Cette minorité se recrute parmi les ménages les plus aisés pour qui la défiscalisation des intérêts constitue un avantage d'autant plus important que la tranche d'imposition est élevée. Et le phénomène s'accentue ces dernières années. Les conseils en gestion de patrimoine prodigués par les professionnels recommandent d'ailleurs de saturer en premier lieu les livrets d'épargne défiscalisée. Le caractère populaire de l'épargne alimentant le secteur locatif social est donc très relatif.

La concurrence bancaire dans la collecte des livrets A

Jusqu'en 2008, seuls les Caisses d'Epargne, la Poste et le Crédit Mutuel étaient autorisés à proposer les livrets A à leurs clients. Les autres banques y voyaient, à juste titre, un facteur de distorsion de concurrence. On conçoit en effet qu'offrir une forme d'épargne qui ne pouvait avoir d'alternative concurrentielle constituait un avantage pour les établissements qui pouvaient les offrir. En réalité cet avantage était tout relatif puisque l'argent collecté leur échappait très largement dans la mesure où il était centralisé à la Caisse des Dépôts et Consignations. Toujours est-il que les banques ont mené une action auprès des autorités de la concurrence de l'Union Européenne qui a abouti à la possibilité pour elles toutes de proposer le livret A. Ce qu'elles ont fait.

Ces banques n'avaient peut-être pas envisagé que les livrets A allaient moins attirer une épargne nouvelle que déplacer une épargne déjà constituée vers une forme de placement plus rémunératrice. Sauf qu'une partie de l'épargne collectée sur les livrets A leur échappe par sa centralisation à la Caisse des Dépôts. En offrant à leurs clients cette nouvelle forme d'épargne, les banques ont donc perdu une partie de leurs ressources pour financer leurs propres clients. Dans le même temps, comme la masse des ressources disponibles pour la centralisation à la Caisse des Dépôts s'élargissait, le taux de centralisation, c'est-à-dire la part des dépôts dont la centralisation était obligatoire, a pu diminuer. De ce fait les banques qui historiquement offraient des livrets A ont vu la part des dépôts centralisés diminuer. Elles ont donc bénéficié de davantage de ressources pour prêter à leur clientèle. Il est vrai qu'en contrepartie elles subissaient une baisse de la rémunération qui leur était octroyée pour le prix de la collecte.

Ceci montre bien qu'en économie, des aspects négatifs se présentent toujours en contrepartie des aspects positifs, et inversement. Il est alors plus difficile d'en dresser le bilan.

La généralisation de l'offre de livrets A à l'ensemble des banques était en plein développement au moment de la crise bancaire de 2008. Cette crise a d'abord été une crise de liquidités. On a vu alors la Caisse des Dépôts jouer le rôle de banque centrale en allégeant le taux de centralisation des dépôts des livrets A. Cette mesure était sans doute salutaire, mais est-ce à la Caisse des Dépôts de remplir le rôle de la Banque Centrale Européenne ? Après tout, la gestion de la liquidité des banques n'est-elle pas de ses compétences ? On pourrait d'ailleurs imaginer que la Caisse des Dépôts joue « contre » la BCE, par exemple en diminuant la part centralisée des dépôts pour contrer une politique de restriction des liquidités menée par la BCE.

Que font les banques des dépôts non centralisés ? Leur utilisation est soumise à des contraintes. Les fonds doivent financer les Petites et Moyennes Entreprises et les travaux d'économie d'énergie dans les logements. Le rapport sur l'épargne réglementée indique que les banques respectent ces utilisations. En réalité elles ne sont pas en mesure de prouver que les dépôts des livrets A ont l'usage qui leur est imposé, sauf en volume, puisque on est incapable d'identifier l'origine des fonds utilisés par les banques. On peut simplement observer que leur bilan équilibre à peu près les dépôts issus de la clientèle et les crédits à la clientèle.

Quant à la part centralisée des dépôts, quelle utilisation en est faite par la Caisse des Dépôts ?

La Caisse des Dépôts spécule avec l'épargne des ménages

La part centralisée des dépôts des livrets A et bleus est collectée par le fond d'épargne, lui-même géré par la Caisse des Dépôts et Consignations. Celle-ci est un établissement public qui gère les participations de l'état et certains fonds de retraite, notamment celui des agents non titulaires de la fonction publique. Le fond d'épargne est géré de manière distincte de celle des autres activités de la Caisse avec des règles spécifiques.

L'épargne ainsi collectée sert majoritairement à des prêts aux organismes HLM pour la construction et la rénovation de logements locatifs sociaux. Mais tout l'argent centralisé n'est pas prêté. On comprend que le fond ne puisse pas prêter la totalité de l'encours centralisé pour des raisons prudentielles. En effet les fonds collectés sont totalement liquides puisque les ménages déposants peuvent retirer leur épargne de leur livret à tout instant. Or ils sont utilisés pour des prêts aux organismes HLM et autres à très longue échéance, plus de 30 ans, voire 50 ans pour les acquisitions foncières. En d'autres termes, le fond d'épargne effectue ce qu'on appelle de la « transformation » d'une épargne de court terme en prêts à long terme. Les ressources pour financer les prêts sont donc fluctuantes. S'il y a des dépôts, il y a aussi des retraits qui peuvent excéder les dépôts. Dans ce cas il y décollecte ce qui se produit effectivement. Cela a été le cas notamment jusqu'au début 2016.

Il faut donc que le fond d'épargne garde une trésorerie suffisante pour faire face aux retraits. La réglementation lui impose de conserver des fonds propres et un encours collecté égal à au moins 135% des encours prêtés. De fait, fin 2014 le ratio atteignait plus de 150%. Pour l'exprimer différemment la règlementation interdit au fond d'épargne de prêter plus de 75% de ses fonds disponibles. Il en garde donc au moins 25%. En réalité, il en garde davantage.

La contrepartie de cette prudence en matière de gestion des fonds collectés est le manque d'efficacité de ce mode de financement de prêts à long terme par une épargne liquide. En effet, en fin de compte, pour prêter 1 € aux organismes HLM, il faut au minimum en collecter 2 sur les livrets A, dont 1,5 est centralisé. Et toute cette épargne est défiscalisée. Certes la partie non prêtée pour le logement social bénéficie aux autres prêts. Mais est-il nécessaire d'aider ces financements ?

Une fois centralisée toute la collecte n'est pas prêtée. Que fait alors le fond d'épargne de cet argent ? Il opère des placements sur les marchés financiers. En d'autres termes, il spécule. Il le fait pour dégager un rendement supérieur au coût de la ressource. Ce coût est égal au taux servi aux épargnants, 0,75%, majoré de la rémunération servie aux banques pour couvrir les coûts de collecte, soit 0,4% en 2014, 0,3% depuis le 1er janvier 2016.

La recherche d'un rendement supérieur se justifie par la volonté de prêter aux organismes HLM à prix coûtant pour la plus grande partie des prêts, voire à un coût inférieur au coût de la ressource pour les prêts les plus sociaux. Si le taux d'intérêt servi sur les livrets est de 0,75 % et la rémunération des banques collectrices de 0,3%, les prêts standard aux organismes sont fournis à prix coûtant à 1,05%. Cependant le fond d'épargne a lui-même des coûts qu'il doit couvrir avec d'autres recettes. L'intervention sur les marchés financiers lui permet d'éviter de faire payer plus cher les prêts aux organismes HLM.

Mais la finalité n'est pas seulement sociale. S'y ajoute une contrainte concurrentielle que signale la Cour des Comptes dans son rapport 2010 qui soulignait « une diminution périlleuse de la compétitivité des prêts » aux organismes HLM. La Caisse des Dépôts ne peut pas pratiquer des taux plus élevés parce que les organismes HLM peuvent trouver des financements autres à des taux inférieurs. Cette pratique pose le problème de la pertinence de ce circuit de financement. Pourquoi ne pas laisser simplement le marché fournir les financements nécessaires, notamment avec des ressources de long terme ?

En outre la finalité de la spéculation ne s'arrête pas là. Les placements sur les marchés financiers ont aussi pour but de dégager un revenu net qui permet un prélèvement par l'Etat. En effet celui-ci ponctionne le résultat du fond d'épargne, au moins quand il est positif, d'un montant discrétionnaire. Finalement, si on fait le bilan fiscal du circuit du Livret A, l'Etat abandonne des recettes fiscales sur les dépôts des livrets pour reprendre une partie des gains réalisés par la spéculation plus en aval dans le circuit de l'épargne. Ainsi en 2014 il a prélevé 733 millions €. On peut essayer de comparer ce prélèvement avec le manque à gagner de l'exonération fiscale des livrets A. Les dépôts s'élèvent à 250 milliards €. Avec un taux d'intérêt de 1% en 2014, le montant des intérêts est de 2,5 milliards €. Pour un taux marginal moyen d'imposition de 30%, le manque à gagner est de 825 millions €, c'est-à-dire du même ordre de grandeur que le prélèvement sur l'excédent du fond d'épargne. La compensation du manque à gagner est donc assurée.

La principale différence est que, si les intérêts des dépôts étaient imposés, ils le seraient sur une base progressive, au moins jusqu'à l'instauration d'un prélèvement à taux forfaitaire, une *flat tax*. Le prélèvement sur le fond d'épargne, outre qu'il est plus discret, n'est pas progressif. C'est donc clairement un avantage aux ménages les plus aisés.

L'autre aspect qui pose question est que l'excédent du fond d'épargne est obtenu en spéculant avec l'épargne de ménages. Le terme peut paraître excessif mais considérons un instant ce qu'est la spéculation. Elle consiste à rechercher un rendement de son placement supérieur à celui des placements liquides. Le rendement supérieur est obtenu avec des placements suffisamment risqués pour occasionner des pertes. Or c'est bien la réalité de la gestion du fonds d'épargne. La recherche d'un rendement élevé est clairement poursuivie par le fond d'épargne, ainsi qu'il l'exprime dans son rapport 2014 : « (...), les actifs dont la rentabilité attendue est la plus forte, soit les actions et fonds d'actifs non cotés, ont vu leur encours augmenter de 10,7 Md€ fin 2013 à 11,6 Md€ fin 2014 ». Ce faisant, le fond d'épargne considère que son mode de gestion s'apparente à celui d'un assureur-vie. La différence est que les investissements en assurance-vie sont, en principe, faits de manière consciente et délibérée par les ménages, alors que les opérations sur les dépôts des livrets A sont faites sans l'accord des épargnants et largement à leur insu, comme si ces dépôts étaient la propriété de l'Etat.

L'autre dimension de la spéculation est l'existence de pertes. En moyenne le fond d'épargne dégage des excédents qui permettent un prélèvement de l'Etat. Mais certaines années le résultat du fond ne le permettait pas. C'est le cas en particulier dans les périodes de dégradation boursière et *a fortiori,* en période de crise. Par exemple, le fond d'épargne a perdu près d'un demi-milliard € sur la dette grecque.

Notons aussi que l'utilisation de l'épargne des ménages à des fins spéculatives serait considéré comme inadmissible de la part des banques privées, qui ne le font d'ailleurs pas.

Certains peuvent considérer ces opérations de spéculation par la Caisse des Dépôts comme acceptables voire satisfaisantes. Après tout, les épargnants n'ont jamais eu de problèmes avec leur épargne, l'Etat y trouve son compte malgré la défiscalisation des dépôts, et les organismes HLM obtiennent un financement concurrentiel. Mais si le système est si avantageux, pourquoi alors ne pas le généraliser ? On pourrait par exemple imaginer que l'Etat collecte un peu plus d'impôts que nécessaire ou, en ces temps-ci, emprunte un peu plus que nécessaire, pour placer l'excédent sur les marchés financiers en prenant des risques, modérés bien entendu. La perspective invraisemblable d'une généralisation de ce système suffit à le déconsidérer.

Nous avons vu qu'une partie de l'épargne centralisée est prêtée. Plus précisément sur les 261 milliards € de bilan du fond d'épargne, 147 milliards sont effectivement prêtés, majoritairement à des organismes HLM. Ces fonds servent à financer la construction et l'investissement en logements locatifs sociaux.

La question est alors : pourquoi faut-il continuer à financer les logements sociaux par un circuit spécialisé ? Tout indique que les organismes pourraient s'endetter à un coût comparable sur les marchés financiers, où d'ailleurs la Caisse des Dépôts se refinance déjà en titrisant des prêts HLM. Les épargnants qui contribuent le plus aux dépôts des Livrets A n'ont pas besoin de l'avantage fiscal anti-redistributif pour épargner. L'Etat se financerait de manière plus juste en fiscalisant les revenus de cette épargne plutôt qu'en effectuant de discrets prélèvements sur les gains issus de la spéculation réalisée par la Caisse des Dépôts avec le fond d'épargne.

Continuons à suivre l'argent qui finance le secteur HLM et examinons les emplois qu'en font les organismes HLM. Ils contractent des prêts auprès de la Caisse des Dépôts avec lesquels ils achètent ou font construire des logements dont le produit des loyers sert à rembourser les prêts. Comme leur offre locative est plus avantageuse en moyenne que celle du secteur privé, ils bénéficient d'une clientèle garantie qui se manifeste dans les chiffres des demandeurs de logement social. Quelle est alors l'économie générale du système ?

Une part significative de l'aide publique aux HLM est absorbée en coûts de gestion

Une fois les logements construits, l'activité des organismes est celle de tout propriétaire bailleur qui consiste à gérer son bien, en encaissant des loyers, en entretenant les logements et en remboursant les prêts qui ont servi à les financer. Cette activité est économiquement assez confortable étant donné qu'au fur et à mesure du remboursement des prêts, les loyers représentent de plus en plus un revenu net. La gestion d'un parc locatif ne nécessite généralement pas de moyens très importants. Un bailleur privé peut mobiliser pour ce faire les services de professionnels contre rémunération. Les organismes HLM remplissent eux-mêmes cette fonction. A quel coût ?

Le Compte du Logement fournit des données concernant « la production de service logement », c'est-à-dire, en l'exprimant plus simplement, les comptes de gestion des propriétaires des logements. Ces données sont différenciées selon la nature du propriétaire, ménages occupants en accession ou non, ménages bailleurs, organismes bailleurs HLM, autres organismes bailleurs sociaux, et autres organismes bailleurs privés (sociétés d'investissement immobilier).

La mise à disposition des logements par les bailleurs génère des charges. Certaines sont non récupérables sur les locataires dont la taxe foncière. Elles sont donc supportées par le bailleur. Le solde des ressources et des charges permet de dégager un résultat qui fait éventuellement l'objet d'un prélèvement fiscal selon la nature du bailleur et peut servir à rembourser un capital emprunté selon le plan de financement de l'investissement. Le reste est un revenu net.

Les bailleurs sociaux sont soumis à un régime fiscal particulier puisqu'ils ne payent pas d'impôt sur les sociétés, ni d'impôt sur les revenus fonciers, ni de taxe sur les logements vacants. Ces charges fiscales représentent de l'ordre de 10% des loyers perçus par les autres bailleurs privés, personnes physiques ou personnes morales. Comme le régime fiscal est différent, on exclut ces impôts dans la comparaison des charges entre les différentes catégories de bailleurs.

On compare finalement les coûts de gestion que l'on retrouve selon les mêmes modalités chez les différentes catégories de bailleurs. Les chiffres montrent qu'avant de commencer à rembourser les prêts, les bailleurs HLM ont consacré plus du tiers de leurs revenus locatifs, précisément 38,6% en 2015, en coûts de gestion. Ce chiffre est à comparer aux bailleurs personnes physiques qui ne consacrent aux mêmes dépenses que 19,4% de leurs revenus fonciers.

Une partie de l'importance des frais de gestion en HLM est d'abord imputable à la taxe foncière, qui représente un poids de 10,3% contre 6,3% pour les bailleurs personnes physiques. Il y a là une répartition inéquitable de la taxe foncière entre les logements, qui est un phénomène bien connu et dont pâtissent les organismes HLM.

Mais les surcoûts de gestion en HLM les plus importants sont surtout des frais de personnel, insignifiants chez les bailleurs personnes physiques.

On pourrait penser que les coûts de gestion plus élevés en HLM sont la manifestation d'une gestion plus laxiste en HLM. Ce n'est pas la bonne explication. En effet, on constate un niveau de coûts de gestion semblable chez les bailleurs personnes morales non HLM, c'est-à-dire les sociétés privées d'investissement immobilier. Si les coûts de gestion représentent 38% des revenus locatifs du secteur HLM, ils en représentent 36% dans les sociétés privées. Toutefois la structure des dépenses est différente : les frais de personnel sont moins importants dans le secteur privé mais cela est compensé par un recours plus accentué aux services extérieurs.

En définitive, ce n'est pas le caractère HLM ou non qui conduit à des coûts élevés mais le caractère de société gérant de nombreux logements. Pour le dire en termes plus économiques il y a des « déséconomies » d'échelle dans la gestion des logements. Les bailleurs personnes physiques sont propriétaires en moyenne de 2 logements alors que les organismes HLM ou les autres sociétés peuvent gérer jusqu'à plusieurs dizaines de milliers de logements. Le fonctionnement de ces sociétés génère des coûts de structure que l'on ne retrouve pas quand on gère un ou deux logements.

C'est dire qu'une partie de l'aide publique au secteur HLM est absorbée par les surcoûts de gestion par rapport aux bailleurs personnes physiques, de l'ordre de 15% de la masse des loyers.

Concernant les sociétés privées on peut se demander pourquoi elles continuent d'investir dans la pierre, eu égard à leurs coûts de gestion plus élevés. L'explication la plus vraisemblable est qu'elles ont accès à des financements plus avantageux que les bailleurs personnes physiques, ce qui permet de compenser les surcoûts de gestion en faisant jouer l'effet de levier. Une autre explication est la « transparence fiscale » dont bénéficient les sociétés privées d'investissement immobilier dont les revenus locatifs ne sont pas soumis à l'impôt sur les sociétés, dès lors qu'elles respectent certaines règles de distribution de ces revenus aux actionnaires. Ce sont les détenteurs de parts de ces sociétés qui déclarent ces revenus locatifs comme revenus fonciers, comme s'ils étaient propriétaires en direct des logements.

Faisons part d'un dernier étonnement concernant la structure des coûts de gestion. Les comptes des producteurs de service logement font apparaître un coût dénommé « transferts à l'occupant » qui sont des loyers qui pourraient être facturés mais qui ne le sont pas. En d'autres termes, ce sont des personnes logées gratuitement ou à un tarif préférentiel. On en trouve chez tous les bailleurs, y compris les sociétés privées, mais le chiffre des bailleurs sociaux non HLM est exceptionnellement élevé. Il atteint 34% de la masse des loyers qu'ils devraient percevoir. Les loyers non perçus sont donc égaux à la moitié des loyers perçus. En ajoutant ce manque à gagner aux coûts de gestion proprement dit, c'est 63% des loyers qui disparaissent avant tout remboursement de prêt. Est-ce que cela ne pose pas problème ?

Une économie du secteur HLM qui pose question

Les financements de la Caisse des dépôts servent aux organismes HLM à acheter ou à faire construire des logements qui sont loués à un niveau de loyer inférieur au niveau du marché. Quelle est l'économie générale du système ?

Les financements apportés par la Caisse des dépôts sont remboursés par les organismes à l'aide des loyers perçus après la ponction importante des frais de gestion évoquée précédemment et avec le bénéfice d'un certain nombre d'avantages venant des pouvoirs publics. Ces avantages consistent en subventions à la construction des logements et dans un traitement fiscal avantageux.

Le niveau des loyers est déterminé en deux étapes. Dans une première étape on détermine pour chaque nouvelle opération un « loyer d'équilibre » qui est le montant qui permet de faire face aux annuités d'emprunt et aux provisions pour l'entretien et les travaux. Cette règle de calcul est celle de la trésorerie cumulée non négative. Dans une deuxième étape le loyer effectivement pratiqué sur l'opération nouvelle est obtenu par péréquation entre le loyer d'équilibre et les loyers du reste du parc de l'organisme. Cette démarche vise à rendre le loyer effectif inférieur au loyer d'équilibre.

Le mode de calcul des loyers a pour effet d'apporter le maximum de garantie à la Caisse des dépôts sur la capacité de remboursement de l'emprunteur. De ce fait le loyer d'équilibre n'est calculé que sur la durée de vie du prêt, certes longue puisque supérieure à 30 ans, mais censée être inférieure à la durée de vie du logement. En effet l'espérance de vie de l'ensemble des logements en France calculée par les comptables nationaux est de l'ordre de 120 ans.

Avec ce mode de calcul du loyer d'équilibre, les loyers sont déterminés de telle sorte qu'ils puissent assurer le remboursement des prêts. Avec la péréquation, les loyers d'équilibre sont diminués de la capacité de remboursement issue des loyers des immeubles plus anciens.

Ce mode de calcul n'est pas économiquement rationnel. On peut se demander ce que serait le niveau des loyers du secteur privé s'ils étaient déterminés selon cette règle. Les prêts à l'investissement locatif étant de durée sensiblement inférieure à celle des prêts HLM, le niveau de loyer d'équilibre serait sensiblement supérieur au niveau effectif des loyers, d'autant que les bailleurs personnes physiques disposent d'un patrimoine locatif de deux logements en moyenne qui ne leur permet pas une péréquation significative.

En réalité le calcul du loyer d'équilibre par les organismes les conduit à une certaine myopie, qui consiste à ne prendre en considération dans le calcul que la durée de vie des prêts. Il s'agit là d'un calcul purement financier. Le calcul économique rationnel consiste à prendre en considération les loyers perçus pendant la totalité de la vie du logement ou au moins de sa détention. De ce fait cela conduit les bailleurs privés à être attentifs à la valeur économique des logements au-delà de la période d'amortissement du prêt. Ce n'est pas la préoccupation majeure des bailleurs HLM.

Le comportement économiquement rationnel consiste à prendre en considération l'ensemble des revenus générés par un investissement. Le niveau de loyer à prendre en considération dans ce calcul est le loyer défini par le marché locatif. Si, pour des opérations de logement social, on considère que ce niveau de loyer est excessif, c'est le mode de financement du logement qui doit être modifié. Il faut diminuer la part des fonds empruntés et augmenter celle des fonds propres. Cela peut conduire les organismes à moins investir.

Finalement, le métier de bailleur social est assez confortable sur le plan économique. Au fil du temps, l'organisme se constitue un patrimoine dont les revenus consistent de plus en plus en recettes nettes au fur et à mesure de l'amortissement des prêts. Ensuite les organismes peuvent continuer à investir. Certains ne le font pas ou peu, ce qui peut ne pas correspondre aux attentes des pouvoirs publics. Pour ceux qui investissent, ce sont les prêts nouveaux qui viennent peser sur ce confort économique. Ces organismes, pour une opération donnée, tendent à emprunter au maximum compte tenu des conditions de financement. C'est un choix cohérent avec le mode de calcul des loyers. Mais d'autres arbitrages sont possibles entre niveau des loyers, modalités de financement et volume des investissements nouveaux.

Un secteur HLM pas si social

Les logements financés par les prêts du fond d'épargne sont loués à des ménages qui sont censés être de ressources modestes, selon les termes du code de la construction. Notons que désormais on ne parle plus d'organismes ou de logements HLM (Habitations à Loyers Modérés) mais de secteur locatif « social ». En changeant de dénomination on est donc passé d'une logique de loyers modérés qui était avérée, à une logique « sociale » que l'on va examiner. Toutefois, la vocation sociale reconnue au secteur par le code de la construction est désormais tempérée par l'obligation de mixité sociale.

Commençons par le caractère social. Il signifie l'accueil d'une population à ressources modestes. Il est censé être garanti par l'existence d'un plafond de ressources pour l'accès en HLM. Dans quelle mesure le secteur HLM est-il social ? Selon le site de l'USH, 64% de l'ensemble des ménages peuvent y prétendre, c'est-à-dire près des 2/3 de la population (cf. « 10 idées reçues sur les

HLM : idée reçue n°4 « les HLM sont réservées aux plus démunis »[27]).

Les niveaux de revenu plafond sont différenciés selon le type de financement HLM. Ils sont plus élevés pour le prêt social location accession, le PSLA. Ce sont ceux du prêt à taux zéro pour l'accession à la propriété, le PTZ, soit 33000 €/an de revenu fiscal de référence en zone A. La zone A est celle à laquelle appartiennent les communes où le marché est considéré comme le plus tendu. Ils ont été réduits de 10,3% lors du passage au ministère du logement de Christine Boutin. En dehors de Paris et de l'Ile-de-France, le revenu annuel de référence pour l'accès en Prêt Locatif Social, le PLS, qui n'est pas la catégorie de logement social la plus élevée, est de 26139 € pour une personne seule. Ce revenu de référence est celui de l'année n-2 par rapport à l'année de dépôt de la demande. Il correspond à un revenu net d'environ 29000 €, c'est-à-dire un salaire mensuel net de plus de 2400 €. En 2010, les ¾ des salariés hommes du secteur privé et semi-public n'atteignaient pas ce plafond. Pour les autres ménages, le calcul est plus complexe puisque le ménage peut avoir plusieurs revenus et que joue le quotient familial, mais le résultat ne doit pas être très différent.

Par ailleurs ces plafonds ne jouent qu'à l'entrée. Le bénéfice d'un logement HLM n'est quasiment jamais remis en question (seulement dans 0,3% des cas, cf. idée reçue n°5). Seul le niveau de loyer doit faire l'objet d'une majoration en cas de dépassement des plafonds.

La question est donc posée : est-ce qu'une politique qui s'adresse à plus des 2/3 de la population peut être qualifiée de sociale ? Naturellement la réponse à cette question est

[27] http://union-habitat.org/pr%C3%A9sentation-du-secteur/les-dix-id%C3%A9es-re%C3%A7ues/id%C3%A9e-re%C3%A7ue-n%C2%B04-sur-les-hlm-%C2%AB-des-logements-r%C3%A9serv%C3%A9s-aux

subjective ou politique. Répondre positivement c'est donner une acception extrêmement large au terme « social ».

Les observations qui viennent d'être faites portent sur les plafonds de revenu réglementaires. Il faut maintenant examiner qui loge effectivement en HLM. La réponse est fournie par les données statistiques. La comparaison est effectuée entre les locataires HLM et les seuls locataires du secteur privé et non pas avec l'ensemble des ménages. En effet on ne s'attend pas à ce que le taux de propriétaires par tranches de revenu soit le même que le taux de locataires. De fait les plus aisés sont plus souvent propriétaires de leur logement.

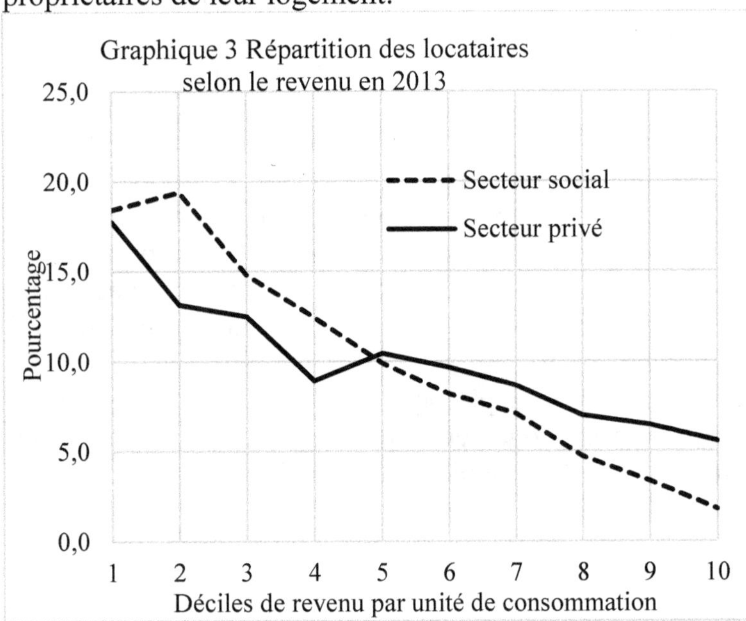

Source : Enquête nationale logement 2013.

Lire : 17,8% des locataires du parc privé appartiennent aux 10% des ménages de niveau de vie le plus faible (1er décile), contre 18,4% des locataires du parc social.

Le graphique 3 donne la répartition en 2013 des locataires par déciles[28] de niveau de vie. Le niveau de vie est mesuré par le revenu total du ménage divisé par un indicateur, les unités de consommation, représentant la composition du ménage.

Les deux courbes sont décroissantes, ce qui indique que les locataires, qu'ils soient du secteur social ou privé, se recrutent davantage parmi les ménages à revenu modeste que les autres statuts.

La courbe du secteur HLM décroît un peu plus rapidement que celle du secteur privé, manifestant ainsi le caractère un peu plus social du secteur du même nom. Mais la distribution des locataires HLM se prolonge jusque dans les déciles les plus élevés, ceux des personnes les plus aisées. Cet état de fait relativise l'effet des plafonds de revenu pour l'accès en HLM puisque y résident même des ménages parmi les plus aisés. Ils ont pu y entrer en remplissant les conditions de revenu de l'époque. Par la suite, l'évolution de leur revenu relativement à leurs charges de famille a pu les conduire dans les tranches de niveau de vie les plus aisés sans que soit remise en question leur présence en HLM. Le résultat est la présence d'une fraction significative de ménages aisés dans ce secteur.

En définitive, la répartition des ménages en HLM est peu différente de celle des locataires du secteur privé. Cela pose la question de savoir si se justifient l'aide publique et le qualificatif de « social ».

Une autre statistique complète la comparaison des revenus dans les deux secteurs locatifs, HLM et privé : 75% des locataires HLM ont un revenu inférieur au revenu médian, c'est-à-dire font partie des 50% des ménages les moins aisés contre 63% des locataires du secteur privé.

[28] Les déciles sont les tranches de revenu de 10% de l'ensemble des ménages.

Loger des ménages modestes n'est donc pas le monopole des bailleurs sociaux. Les bailleurs privés logent finalement une population qui n'est pas beaucoup plus aisée.

Un second indicateur du caractère social du secteur HLM est le taux de bénéficiaires des allocations de logement. En effet les aides à la personne ont une vocation sociale beaucoup plus affirmée. Ainsi le revenu d'exclusion pour les allocations est inférieur de moitié au revenu d'exclusion pour l'accès en HLM, au moins en Ile de France. Or « les bénéficiaires des aides personnelles au logement dans le parc social public représentent 53 % des occupants de ce parc en 2003 », selon un rapport de 2007 de la Cour des Comptes sur les aides à la personne. Autrement dit, près de la moitié des locataires HLM ne sont pas vraiment modestes.

Ce caractère finalement peu social est signalé depuis longtemps par les rapports officiels. Celui de l'Inspection Générale des Finances de 1951 évoquait déjà cette évolution : « une tendance historique bien connue commence aussi à se manifester. En vieillissant les institutions conçues pour les classes modestes dégénèrent et ne s'adressent presque plus qu'aux milieux aisés »[29]. 50 ans plus tard, plus précisément en 2002, l'Inspection générale des Finances faisait encore le même constat : « la population la plus modeste est davantage logée hors du parc HLM que dedans : 28 % seulement des ménages du premier quartile de revenus sont locataires du parc social. Les organismes HLM ne leur reconnaissent le plus souvent pas davantage de priorité dans leur politique

[29] Cité par Georges Malignac in « Le logement des faibles : évincement progressif et formation d'un sous-prolétariat », Population n°2, 1957, http://www.persee.fr/web/revues/home/prescript/article/pop_0032-4663_1957_num_12_2_5497

d'attribution des logements, que celle, limitée, que confèrent les accords collectifs départementaux aux plus démunis. Les candidats au logement HLM sont donc eux aussi « en concurrence ». Le parc privé, et notamment le secteur locatif libre, qui accueille près de 50 % des ménages du premier quartile de revenus, contribue lui aussi à l'offre de logement social, qui comporte également une composante d'accession à la propriété ».

En définitive le logement HLM n'est pas vraiment un logement social mais plutôt un logement pour (presque) tous.

Et encore, le caractère social des HLM s'est-il accentué au cours du temps. On peut l'imputer en partie à la baisse du revenu plafond pour l'accès en HLM institué par la loi MOLLE en 2009. Cette baisse n'impacte que les nouveaux locataires depuis cette date. En réalité une bonne partie de l'accentuation du caractère social des HLM est due à l'évolution du positionnement de ce parc dans l'offre globale de logements. En effet le parc HLM peut être considéré comme constitué de deux ensembles. D'une part les logements construits depuis la réforme de 1977, qui sont des immeubles de bonne qualité dans des contextes urbains proches des logements du secteur privé, avec une nuance pour ceux résultant des opérations de rénovation urbaine de l'ANRU qu'on évoquera plus loin. L'autre partie du parc est celle des logements des années 1950-1970 souvent dans des grands ensembles périurbains. Les premiers supportent la comparaison avec le parc privé, les seconds sont peu attractifs. Cela n'a pas toujours été le cas. Ils ont été construits dans un contexte qui était non seulement marqué par une pénurie quantitative de logements mais aussi par l'insuffisance qualitative du reste du parc de logements, notamment en termes d'éléments de confort. Dans ces conditions ce parc était relativement attractif. Il a d'ailleurs été d'abord occupé par des ménages qui n'étaient pas parmi les plus modestes.

Avec le desserrement quantitatif apparu dans les années 80, la construction de logements neufs plus attractifs, notamment sous forme d'habitat individuel, et l'amélioration du parc ancien, la partie du parc HLM des années 1960 s'est trouvée dévalorisée en termes de localisation par le parc ancien rénové et plus central et en termes de typologie par les maisons individuelles plus périphériques. Ce parc HLM ne trouvait plus comme clientèle que la fraction de la population dont les moyens financiers ne lui permettaient pas d'accéder aux autres segments du parc. D'où l'accentuation du caractère social des HLM.

L'autre finalité ou contrainte du secteur HLM est le respect de la mixité sociale. On a déjà souligné l'ambiguïté du terme que l'on n'envisage ici que sous l'angle du revenu, variable largement redondante avec d'autres, comme l'origine étrangère. Cet argument est important parce qu'il sert à nuancer le caractère social des HLM. Si ce secteur n'est pas plus social, c'est précisément pour en faciliter la mixité sociale. Examinons ce qu'il en est.

Peu de mixité sociale dans le parc HLM

La question de la mixité sociale à l'intérieur du parc HLM est celle de la répartition des ménages selon leur revenu entre les différents ensembles immobiliers qui constituent ce parc. On dispose de plusieurs informations.

Dans un travail statistique réalisé à la demande de la Cour des Comptes, Alain Jacquot[30] (2007) conclut que

[30] Jacquot A., 2007, « L'occupation du parc HLM : un éclairage à partir des enquêtes logement de l'INSEE », Document de travail de l'INSEE, n° F0708 https://www.insee.fr/fr/statistiques/1380978

« les ménages appartenant aux quatre déciles supérieurs de la distribution des niveaux de vie représentent en 2002 environ 20 % des locataires HLM (…). Au sein du parc HLM, les logements occupés par les ménages aisés ne sont pas situés aux mêmes endroits que ceux occupés par les ménages plus défavorisés. Dans les quartiers où les professions intellectuelles et les cadres supérieurs constituent une fraction importante de la population, les ménages des déciles 7 à 10 représentent plus de quatre locataires HLM sur dix, contre deux sur dix en moyenne sur l'ensemble du territoire. A l'inverse, (…) en ZUS, les ménages des trois premiers déciles représentent 60 % des locataires HLM, contre 47 % sur l'ensemble du territoire. La présence au sein du parc HLM de locataires relativement aisés est relativement fréquente dans l'agglomération parisienne (..). Dans l'unité urbaine de Paris, plus d'un locataire HLM sur trois appartient aux déciles 7 à 10, alors que la proportion est d'un sur cinq sur l'ensemble du territoire. Dans Paris et les communes qui lui sont limitrophes (zone I bis), ce sont même 47 % des locataires HLM qui appartiennent aux quatre déciles supérieurs. L'agglomération parisienne représente à elle seule la moitié des locataires HLM « aisés », alors qu'elle ne comprend « que » un quart du parc HLM de France métropolitaine ».

Cette citation peut s'exprimer de manière plus concise : dans le parc social, les pauvres n'habitent pas dans les mêmes ensembles de logements et aux mêmes endroits que les plus aisés.

Une autre information qui révèle la répartition des plus modestes au sein du parc HLM est fournie par le taux de ménages bénéficiant d'une allocation de logement par ensemble HLM ou, ce qui est équivalent, le taux

---

Alain Jacquot était alors chef de la division logement de l'INSEE.

d'allocation dans la masse des loyers perçus par les organismes. Il apparaît que ce taux est significativement différent selon les ensembles de logement, plus élevé dans les zones les moins attractives du parc et moins élevé et voire nul dans les zones les plus attractives. On fait ici la suggestion que le ministère du logement ou l'ANCOLS, l'agence de contrôle des organismes de logement social, obtienne cette information des organismes gestionnaires. C'est une information facile à obtenir, notamment sous la forme du taux d'allocation dans la masse des loyers, puisque le conventionnement entraîne le versement de l'allocation directement à l'organisme selon le principe du tiers payant. Ces données devraient confirmer la concentration des ménages les plus modestes dans la fraction la moins attractive du parc. Ou pour le dire autrement, en termes de mixité sociale, le secteur HLM ne fait pas beaucoup mieux que le marché locatif privé.

Les allocations de logement jouent contre la mixité sociale en HLM

La répartition des ménages à l'intérieur du parc HLM dépend de deux facteurs. Le plus visible est la sélection des candidats sur les différents logements offerts à la location, ce qu'on appelle la politique de peuplement des bailleurs. Une première sélection est effectuée pour retenir trois demandes. La commission d'attribution décide ensuite de manière discrétionnaire le candidat auquel est finalement attribué le logement. Lequel candidat peut accepter ou refuser l'offre qui lui est faite.

Mais un deuxième facteur conditionne également la répartition des demandeurs dans les logements HLM, qui est le fonctionnement de ce qu'on peut appeler « le marché du logement HLM ». Ces logements constituent en effet une offre diversifiée en termes de qualité et de prix (loyers). Cette offre s'inscrit dans celle plus globale de l'ensemble du marché du logement. Les caractéristiques des logements, dont le niveau des loyers, relèvent du choix des organismes dans le respect de contraintes légales. La fixation des loyers permet notamment aux organismes de positionner le niveau qualité-prix de telle sorte qu'il attire un certain public plutôt qu'un autre, selon le mécanisme économique décrit par la « théorie des contrats ». Dans ce mécanisme les allocations de logement jouent un rôle central. Explicitons.

On a déjà indiqué que le patrimoine logement des organismes était schématiquement constitué de deux parties. Une partie peu attractive de logements offrant des prestations moyennes et localisés en périphérie et des logements plus attractifs souvent plus récents donc plus modernes et mieux situés. Le différentiel des loyers demandés entre ces deux parties ne rend pas compte du différentiel d'attractivité. En fait les loyers sont moins différenciés à l'intérieur du parc HLM que du parc privé. De ce fait la différence entre les loyers demandés et ceux qu'ils atteindraient si ces logements étaient offerts sur le marché privé est plus accentuée pour les logements les plus attractifs que pour les moins attractifs. Les loyers des logements en « cités » sont élevés pour la prestation qu'ils offrent et sans doute trop élevés. Si des ménages acceptent d'y loger, c'est qu'ils ne supportent pas totalement le loyer demandé qui en effet est diminué du montant des allocations logement pour aboutir au loyer effectif et supportable. Les ménages concernés sont ceux qui peuvent bénéficier de ces allocations logement.

Pour les ménages dont les revenus excèdent ceux ouvrant droit aux allocations logement, les loyers demandés dans cette partie moins attractive du parc sont excessifs par rapport aux prestations offertes. La même mécanique a été instaurée lors du bouclage des aides personnelles dans les années 1980-1990 c'est-à-dire l'extension du bénéfice des allocations logement à tous les locataires HLM. A cette occasion les organismes ont majoré le niveau des loyers de ces logements pour le porter à un niveau qui n'était acceptable qu'avec le bénéfice d'une aide à la personne. Ceci a conduit les autres ménages, non bénéficiaires d'allocations de logement, à sortir de cette partie du parc HLM, voire à sortir complètement du parc HLM. Ils ont pu notamment bénéficier des aides à l'accession à la propriété. Ce phénomène a été signalé à l'époque par les chercheurs en sciences sociales sur ces questions. Cette politique a été tolérée par les pouvoirs publics pour améliorer les résultats financiers des organismes HLM mis à mal par la chute de l'inflation qui s'est manifestée à partir du milieu des années 80.

En définitive les allocations de logement jouent contre la mixité sociale. Elles sont pour partie récupérées par les bailleurs sociaux comme elles le sont par les bailleurs privés (cf. infra chapitre suivant). Elles conduisent à une concentration des allocataires dans la partie la moins attractive du parc social. Plus encore, ce sont les loyers élevés dans la partie la moins attractive du parc qui permettent par le mécanisme de péréquation des loyers de pratiquer des loyers plus modérés dans l'autre fraction du parc, alors que ses caractéristiques la rendent déjà plus attractive. En termes plus directs, les ménages modestes, et derrière eux la collectivité nationale avec les allocations de logement, payent pour les moins modestes. On a affaire, à l'intérieur du secteur HLM à une redistribution à rebours. Economiquement, l'aide à la personne est utilisée comme substitut à l'aide à la pierre.

Pour lutter contre cette concentration de populations modestes et d'origine immigrée a été mise en place une politique massive de rénovation urbaine par l'intermédiaire de l'agence nationale pour la rénovation urbaine, l'ANRU. Cette politique consiste en la destruction par dizaines de milliers de logements dans les quartiers périphériques classés en zones urbaines sensibles, les ZUS, puis la reconstruction de logements neufs ou la rénovation de logements existants. Ces opérations sont extrêmement coûteuses. Leur finalité est de « casser les ghettos » en diversifiant les populations au moyen de la diversification de l'offre de logements. Quel bilan peut-on en dresser ?

Les opérations de rénovation urbaine de l'ANRU et l'échec de la mixité sociale

Commençons par observer qu'il est contradictoire de déclarer qu'il manque de logements HLM et d'en détruire des dizaines de milliers chaque année dans les opérations de l'ANRU, même pour en reconstruire ultérieurement. Pourquoi ne se contente-t-on pas de construire de nouveaux logements HLM en plus de ceux existants ?

Cela étant, les opérations ANRU peuvent s'apprécier par rapport à la pertinence de leur objectif et la cohérence des moyens mis en œuvre. L'objectif de diversifier la population signifie plus concrètement faire partir des ménages parmi les plus modestes et d'origine immigrée pour en faire venir de moins modestes et moins fréquemment d'origine immigrée. Peut-on dire qu'il s'agit là d'une politique sociale ?

Cette politique socialement contestable est-elle au moins efficace ? En fait, une bonne partie de la population d'origine reste sur place. Le potentiel de renouvellement de la population, c'est-à-dire la part des personnes concernées qui n'est pas relogée sur place n'excède pas 20% selon le comité d'évaluation et de suivi de l'ANRU. En particulier les programmes d'accession à la propriété sont d'abord utilisés par les habitants du quartier. Ceci laisse interrogateur sur les attentes propres de ces ménages en termes de mixité sociale.

Quant aux nouveaux arrivants, on a peu d'informations sur leurs caractéristiques. Quand ils correspondent au public visé, on peut se demander quelle durabilité aura leur présence dans ces localisations. En effet, ces opérations de rénovation urbaine sont différentes de toutes celles que la France a connues, depuis celles mises en œuvre ou inspirées par Hausman au 19ème siècle jusqu'à celles des années 1950-1960, avec par exemple la rénovation du 13ème arrondissement à Paris, des quartiers Mériadeck à Bordeaux ou Saint-Sauveur à Lille. Dans tous ces cas, il s'agissait de la rénovation dans des quartiers relativement centraux des villes, c'est-à-dire ceux dont la localisation leur conférait un avantage suffisant pour que des logements de meilleure qualité y attire une population à revenus plus élevés. L'effet, sinon l'objectif, de « requalification » sociale y a été obtenu, ainsi que l'ont établi les travaux des chercheurs en sciences sociales.

Dans le cas des opérations de l'ANRU les localisations de ces opérations sont peu attractives en elles-mêmes parce que relativement périphériques. Elles sont acceptables quand elles permettent l'accès à des logements individuels. Ce n'est que partiellement ce type de logement qui est produit lors des opérations de l'ANRU. Les nouveaux logements sont plus souvent des collectifs, souvent petits, qui peuvent attirer par les aides publiques dont ils bénéficient. Mais l'état du marché est caractérisé par une abondance de logements qui rend les ménages sélectifs. Les avantages actuels conférés aux nouveaux arrivants risquent d'être rapidement perdus avec l'amortissement des logements.

Plus généralement il est peu économique d'accroître le parc de logements par le bas de la gamme parce que ce sont les premiers à sortir du parc. C'est bien ce que l'on constate avec les logements que l'on détruit dans les opérations de l'ANRU. Ils ont été construits dans les années 1960-1970 pour répondre à la pénurie réelle de l'époque. Dans le contexte d'abondance de logements que l'on connaît actuellement, ceux que l'on reconstruit risquent de connaître la même obsolescence accélérée que ceux qu'on a détruits.

Ce ne sont d'ailleurs pas en général les organismes HLM qui sont demandeurs de rénovation urbaine, mais plutôt les élus locaux. Les décisions de destructions ne sont pas toujours prises de bon cœur par les organismes. En effet on détruit des logements particulièrement rentables dans la mesure où les prêts qui ont servi à les financer sont presque totalement amortis et où les loyers constituent des revenus nets. Par ailleurs ces loyers sont largement garantis par les allocations dont bénéficient massivement les ménages vivant dans ces quartiers. Il est courant que les bénéficiaires d'allocation représentent les ¾ des locataires et que les allocations représentent aussi les ¾ des loyers. Comme ces dernières sont versées selon le principe du tiers payant, c'est dire que les rentrées de loyer sont assez largement assurées.

La rénovation urbaine est aussi la manifestation de mauvais choix d'investissement des bailleurs sociaux et derrière eux de la politique du logement. En effet, dans ces opérations on détruit des logements qui ont été construits il y a moins de 60 ans. Or l'espérance de vie des logements en France, telle que l'ont estimée les comptables nationaux pour l'élaboration des comptes de patrimoine, est de 120 ans. Détruire un logement de 60 ans quand son espérance de vie normale est le double représente donc un réel gâchis. Si cela doit être le cas des logements reconstruits dans les zones ANRU, il faudrait que les coûts de production soient en cohérence avec cette durée de vie, c'est-à-dire que les logements soient physiquement conçus pour une durée de vie courte.

La loi SRU et le quota de HLM

Une des dispositions de la loi SRU, Solidarité et renouvellement urbain de 2000, impose un pourcentage minimum de HLM dans toutes les communes d'une certaine taille faisant partie des plus grandes agglomérations. Ce pourcentage minimum était initialement de 20%. Il a été porté à 25% par la loi du 8 janvier 2013 « relative à la mobilisation du foncier public en faveur du logement et au renforcement des obligations de production de logement social ». Les communes qui ne s'engagent pas dans une démarche de résorption du déficit sont soumises à des pénalités financières. Dans celles qui ne présentent pas le quota de logements HLM dominent souvent les ménages socioéconomiquement favorisés.

L'instauration d'un quota de logements HLM vise à favoriser la mixité sociale. Elle repose sur l'idée que la construction de logements HLM dans ces communes va permettre de loger une population plus modeste. Plusieurs bilans sur l'application de la loi par rapport aux dispositions qu'elle impose existent, mais il ne semble pas qu'il y en ait eu un sur l'objectif de mixité sociale. En fait les plafonds de revenu pour l'accès en HLM et la répartition effective des catégories socio-professionnelles locataires HLM selon la localisation sont tels que l'impact réel sur la mixité est assez douteux : les bénéficiaires de logement résultant du quota de 20% ou 25% sont vraisemblablement parmi les plus aisés des locataires ou des accédants potentiels.

Par ailleurs, la question des coûts est aussi à prendre en considération. Dans les zones où les ménages sont les plus aisés, les coûts du foncier sont sensiblement plus élevés qu'ailleurs. Dès lors le coût pour la collectivité est plus élevé. Comme les loyers sont moins différenciés que les coûts, les ménages bénéficiant de logements dans ces localisations bénéficient d'un avantage comparativement plus élevé que les autres locataires HLM. Donc, les opérations issues de ces quotas sont moins sociales, plus coûteuses pour la collectivité, et plus avantageuses pour les bénéficiaires, qui sont vraisemblablement moins modestes que ceux des autres logements HLM.

Les décisions pertinentes en matière de logement devraient considérer l'ensemble du parc. Ainsi, on impose la construction de logements HLM dans des communes qui n'atteignent pas le quota mais où le taux de logements vacants est élevé et elles sont sanctionnés financièrement. Le cas le plus extrême est celui de Vichy soumis à une pénalité de 172936 € en 2016 alors que son taux de logements vacants dépasse les 20% [31]. Nice est dans une situation similaire avec une pénalité de 4797754 € et 13% de logements vacants. Autrement dit, on impose à ces communes de construire des logements HLM coûteux en aide publique qui ne contribueront qu'à accroître la vacance. Il y a là une totale incohérence économique.

Combien coûte le secteur HLM ?

Economiquement, qu'est-ce qu'un logement HLM ? C'est un logement qui présente des caractéristiques un peu différentes des logements du secteur libre et qui est loué à un tarif inférieur (en principe) à celui du marché. Pour le dire autrement un logement HLM est un logement soldé, comme peuvent l'être d'autres produits.

La comparaison avec les autres produits soldés permet de comprendre certains comportements de la demande. De même qu'on ne s'étonne pas qu'il y ait de l'affluence pendant les périodes de soldes, de même il n'est pas

---

[31] http://www.logement.gouv.fr/transparence-logement-social

surprenant qu'il y ait file d'attente en HLM. Elle perdurera tant que tous les ménages qui trouvent intérêt à loger dans ce secteur ne le seront pas. Cela ne signifie pas qu'ils ne sont pas logés, quelquefois même déjà dans ce secteur, ou qu'ils ne peuvent pas se loger ailleurs, cela signifie que certains logements HLM peuvent présenter un avantage pour eux. En fin de compte, le logement HLM est, pour beaucoup de ménages, non pas le seul logement convenable auxquels ils peuvent accéder à un coût supportable, mais un des choix possibles parmi d'autres. Comme ce secteur offre une gamme de logements diversifiée en qualité et en localisation, leur attractivité est différenciée. Tout logement HLM n'est pas désirable, ce qui explique le fort taux de refus des logements proposés.

Combien finalement le secteur HLM coûte-t-il à la collectivité ? Son coût total est difficile à établir parce que les aides sont constituées d'aides à l'investissement, qui sont des aides de stock, donc ponctuelles, et des aides au fonctionnement, qui sont des aides de flux. Chaque année, ces aides sont comptabilisées dans le Compte du logement. En outre le parc est constitué de générations successives de logements qui ont bénéficié d'aides différentes lors de leur construction. Pour effectuer une comparaison pertinente il faudrait transformer les aides de stock en flux ou l'inverse. La difficulté de cette transformation est qu'elle s'opère en considérant des flux futurs. Ils sont par nature incertains. En particulier la durée de leur existence est liée à celle des logements dont on a vu qu'elle pouvait être singulièrement raccourcie comme dans les opérations de rénovation urbaine. Finalement ces aides se retrouvent dans des loyers réduits dans une proportion indéterminée. C'est ce ratio qui constitue le rendement de l'aide.

Pour les locataires, le logement HLM représente un avantage[32]. Ils paient moins cher que dans le secteur privé, en moyenne de l'ordre de 20 à 25%. Mais ils ne consomment pas en moyenne plus de logement que s'ils étaient dans le secteur privé. Seules les personnes qui n'auraient pas atteint le standard de consommation minimum dans le secteur libre, y parviennent en bénéficiant du secteur social. Il faut aussi inclure l'aide personnelle parce que, comme on l'a vu, une partie des loyers est fixée en fonction des aides à la personne. Payant moins cher sans consommer plus de logement, les locataires HLM consacrent donc une part moins importante de leur revenu pour se loger, ce qui leur permet de consacrer ce surplus à leurs autres dépenses. Le secteur HLM est donc davantage une aide à la consommation des autres biens qu'une aide à la consommation de logement.

Pour autant un certain nombre de ménages ont, en HLM, un taux d'effort supérieur à 40%, qui les fait considérer dans les statistiques européennes comme étant en surcharge de dépenses de logement. Il s'agit de 10% des ménages, ce qui n'est pas négligeable, mais ne semble pas avoir attiré l'attention des pouvoirs publics. Dans le secteur privé, le taux de locataires dans cette situation est de l'ordre de 20%. Cela met néanmoins la France parmi les pays où le taux de ménages en surcharge de dépenses de logement est un des plus faibles d'Europe.

Une dernière observation porte sur la mobilité dans le secteur HLM. Elle est faible, ce qui freine le processus de satisfaction de la demande. Un des freins à la mobilité réside dans la typologie des logements HLM, qui sont majoritairement des 3-4 pièces. L'offre de petits logements est insuffisante pour les ménages comptant

---

[32] Voir Radmila Datsenko « Economie des politiques d'aide au logement locatif », thèse pour le doctorat en sciences économiques soutenue le 30 septembre 2016 à l'université de Lille 1.

moins de personnes, du fait de la décohabitation des enfants par exemple, et pas assez de grands logements pour les familles importantes. Un autre frein est le fait que le bénéfice d'un logement HLM n'est presque jamais remis en question quand le locataire voit son revenu sortir des plafonds.

Chapitre 9
Les aides à la personne

Les aides à la personne constituent le poste de dépenses publiques en faveur du logement le plus important avec 20,5 milliards € sur les 41 milliards d'aide indiqués par le Compte du Logement. Le nombre de ménages bénéficiaires est de 6,339 millions, ce qui donne un montant moyen mensuel d'aide d'environ 230 €.

Un peu d'histoire

Les aides personnelles ont vu le jour avec la loi du 1er septembre 1948 sur les loyers. Sa finalité était de revaloriser les loyers, dont les hausses avaient été encadrées depuis le début de la 1ère Guerre Mondiale. La volonté explicite du législateur était d'effectuer un rattrapage du niveau des loyers réglementés jusqu'alors. Cette situation avait conduit à des taux d'effort extrêmement bas, de l'ordre de quelques pour cent. Pour accoutumer les locataires à consacrer davantage d'argent au logement, on a l'idée de créer l'allocation de logement familiale (ALF). Son montant est censé diminuer avec la hausse progressive des loyers.

L'évolution effective a été tout autre. Les revalorisations des loyers de la loi de 48 sont restées sensiblement inférieures aux augmentations du marché, de telle sorte que les loyers soumis à ce régime sont restés très avantageux pour les locataires en bénéficiant. Parallèlement le champ d'application de la loi de 48 s'est restreint par sortie de certaines catégories de logement, ceux de la qualité la plus élevée, et par sortie d'un grand nombre de communes. Ce qui fait qu'il ne reste qu'environ 200000 logements encore soumis à cette règlementation, pour l'essentiel à Paris et dans les grandes villes.

L'allocation de logement est limitée d'abord aux familles, au titre des allocations familiales. Il s'agit d'aider les familles de travailleurs dans un contexte de tension du marché du travail et du logement. A partir des années 1960 on crée d'autres allocations, les allocations de logement sociales (ALS) destinées à de nouvelles catégories de bénéficiaires, les personnes âgées, les handicapés, les jeunes travailleurs etc. Ces allocations sont définies comme sociales, c'est-à-dire qu'elles sont définies par les populations à qui elles sont destinées. Elles sont financées sur le budget social.

Avec la réforme de 1977 est créée l'APL, l'Aide Personnelle au Logement, qui est à proprement parler une allocation de logement, c'est-à-dire destinée à des personnes définies par le logement qu'elles occupent et non pas par leurs caractéristiques personnelles. Le mode de financement de l'PAL est original puisqu'on définit la contribution des différents régimes sociaux en calculant une allocation de logement virtuelle, c'est-à-dire celle dont auraient bénéficié les allocataires s'ils n'avaient pas bénéficié de l'APL mais des autres allocations. Comme, à revenu et dépenses de logement identiques, l'APL est plus avantageuse que les autres allocations de logement, la différence est couverte par le budget de l'Etat.

Progressivement, le bénéfice des allocations de logement est étendu aux catégories de population qui n'en bénéficiaient pas encore. C'est le « bouclage », qui a concerné d'abord le secteur HLM dans les années 1990, puis le secteur locatif privé, notamment les étudiants. Les barèmes des différentes allocations de logement ont convergé jusqu'à devenir au début des années 2000 une allocation générale à barème unique pour tous les locataires. On a donc désormais affaire à une aide unique mais qui continue à répondre à des fondements légaux différents et à un financement complexe. En définitive il aura fallu 50 ans pour que ce processus se réalise, alors même que ce n'était pas ce qui était prévu au départ. Il répond à une logique d'allocation universelle à barème unique mais celle-ci n'a pas été pensée comme telle avant les années 90. Elle s'inscrivait même en contradiction avec les objectifs premiers du dispositif.

L'extension des aides à la personne n'obéissait pas seulement à un objectif social mais s'inscrivait aussi dans un nouvel arbitrage entre aides à la personne et aides à la pierre, plus correctement dénommées aides à l'investissement. Ce nouvel arbitrage est censé s'exprimer dans la réforme de 1977, largement inspirée par les travaux d'une commission présidée par Raymond Barre. L'idée de base était non plus de donner du logement aux ménages mais de leur donner de l'argent pour qu'il puisse choisir leur logement. Cela est censé leur permettre d'améliorer leur satisfaction en matière de logement avec un même montant d'aide publique. Un des autres effets attendus était de faciliter la mixité sociale en levant, au moins en partie, l'obstacle financier pour l'accès à un logement mieux situé ou de plus haut standing. La nouvelle aide créée dans cette logique, l'APL, était donc une aide au logement et non plus une aide sociale dans sa définition juridique, bien qu'elle soit soumise aussi à des conditions de revenu.

Les problèmes que pose l'allocation de logement

Les problèmes que pose la mise en œuvre de ce principe de choix sont de plusieurs ordres. En premier lieu se pose un problème de coût. Les aides à la personne sont des aides récurrentes, des aides de flux. Les aides à la pierre sont des aides ponctuelles, des aides de stock, qui produisent normalement leurs effets dans le temps. Les premières sont donc nécessairement plus coûteuses que les secondes. C'est ce qui explique notamment l'envolée des dépenses d'allocation logement depuis 30 ans.

Un deuxième problème est qu'en réalité, on n'a pas fait le choix d'un type d'aide à la pierre ou à la personne contre un autre, mais bien cumul des deux types. En effet, lors de la réforme de 1977, la nouvelle aide à la personne, l'APL, fut réservée aux personnes logeant dans des habitations dont le financement bénéficiait des nouvelles aides à la pierre, le Prêt Locatif Aidé, PLA, dans le secteur social et le prêt aidé à l'accession, le PAP, dans l'accession privée. Les avantages dont bénéficiaient les occupants se sont donc cumulés, sous la forme à la fois d'un moindre coût du logement du fait des aides à la pierre et d'une moindre dépense du fait des aides à la personne.

Du côté des producteurs, les aides à la personne ont constitué un substitut aux aides à la pierre. Faute de pouvoir autant minorer le prix du logement qu'antérieurement par l'aide à la pierre, ils ont fait supporter la différence de coût par la capacité contributive des ménages accrue du fait des aides à la personne.

Les évolutions des interventions dans le domaine des aides à la personne révèlent une des constantes de la politique du logement depuis 1945 qui a visé l'augmentation du taux d'effort considéré comme trop bas. Cette politique a connu un changement de cap à partir des années 1980. Jusque-là, une constante des rapports des commissions du logement réunies dans le cadre de la préparation des plans quinquennaux de développement a été le constat de taux d'effort faibles. Cet état de fait était nettement critiqué. Le terme même de « taux d'effort » indique que les ménages devaient faire davantage d'effort pour se loger. La grande interrogation des politiques était de concevoir des dispositifs pour accroître ces taux d'effort. C'était notamment la finalité originelle des aides à la personne. Mais ce type d'aide ne peut conduire qu'à l'effet inverse, la diminution du taux d'effort. En effet la consommation de logement, comme celle d'un bien de première nécessité, réagit peu à une variation de prix ou de revenu. Par conséquent, le taux d'effort diminue quand le revenu des ménages augmente. Il diminue aussi quand le prix des logements diminue. Dès lors, il est vain d'espérer voir les taux d'effort augmenter en agissant sur le barème de l'allocation logement. C'était pourtant la tentative réalisée par le rapport de la commission présidée par Jacques Badet sur la réforme des aides personnelles au logement de 1982 où sont énoncés des objectifs de taux d'effort impossibles à atteindre compte tenu des comportements effectifs des ménages. En fait les barèmes étaient considérés comme s'ils étaient sans effet sur la consommation de logement des ménages.

Si les barèmes de l'allocation logement n'ont pas permis l'accroissement des taux d'effort, l'accroissement de la consommation de logement d'une part et de l'indice du prix des loyers d'autre part y sont parvenus. Les taux d'effort ont atteint des niveaux plus élevés, au moins chez ceux qui ont une dépense de logement. La problématique a alors changé et il s'est davantage agi de les maintenir à des niveaux supportables. De fait les taux d'effort des ménages français ne sont pas plus élevés, à statut d'occupation identique, que ceux des autres ménages européens. Ils le sont encore moins si on prend en considération l'importance du secteur HLM et des aides à la personne. En particulier, les ménages les plus modestes, pour lesquels atteindre le standard de consommation de logement minimum est plus difficile, sont en France les moins nombreux d'Europe occidentale à y parvenir sans consacrer une part excessive de leur revenu au logement.

Un troisième problème est l'incidence de l'allocation logement sur les loyers. Ce problème a été soulevé lors des réflexions de la commission Barre qui a préludé à la création de l'APL. La solution a été d'éviter de l'étendre au secteur locatif privé. Elle a été réservée à certains secteurs de logement à loyers réglementés ou à prix contrôlés. Cela a en revanche conduit au cumul des aides évoqué précédemment.

L'accroissement des loyers du fait de l'amélioration de la capacité à payer des ménages par les allocations de logement est un fait avéré dans le secteur privé lors du bouclage dans les années 1990. En particulier le phénomène a été visible sans même besoin d'une observation statistique lors de l'extension de l'allocation logement aux étudiants. Il est aussi documenté par des travaux académiques. En revanche depuis cette date l'encadrement de l'évolution des loyers interdit une revalorisation supérieure à l'indice de référence des loyers. Par ailleurs comme beaucoup de locataires dépassent le niveau de loyer pris en compte dans l'allocation, l'évolution de leur loyer effectif n'impacte pas l'aide.

L'existence d'un tel phénomène de récupération par les offreurs d'un produit d'une partie de l'aide attribuée aux demandeurs est largement inévitable. Ce phénomène résulte du fonctionnement du marché et de la pente de la courbe d'offre. Celle-ci exprime comment évolue le prix d'un bien ou d'un service en cas d'augmentation de sa production. On a l'habitude de considérer que la courbe est croissante. Plus on produit, plus le prix est élevé. En réalité, tout dépend de la structure des coûts, parce que le prix est censé couvrir les coûts. Si les coûts unitaires augmentent quand le niveau de production augmente, alors le subventionnement de la demande qui entraîne un accroissement de la production ne peut pas s'effectuer avec des coûts unitaires inférieurs et donc des prix plus bas. En ce sens l'offre récupère une partie de la subvention mais cette récupération est économiquement justifiée pour couvrir les coûts supplémentaires résultant de cet accroissement de production. En matière de logement, le mode de fixation des prix par un mécanisme d'enchères fait que le prix est l'expression directe de la capacité à payer du ménage. Si une aide accroît sa solvabilité, une partie de celle-ci est récupérée par l'offreur.

Ce mécanisme de récupération peut s'effectuer sans même que l'offreur, par exemple le bailleur, sache que son client bénéficie d'une aide. Il lui suffit de savoir que pour un type de produit donné, par exemple les studios et les autres petits logements, la plupart des demandeurs bénéficie d'une aide publique, par exemple les étudiants sous la forme d'une allocation de logement. Le sachant, les offreurs de ces logements les proposeront à un loyer supérieur à celui qu'ils auraient demandé en l'absence d'aide. C'est la raison pour laquelle transformer l'allocation en une autre forme d'aide comme un crédit d'impôt n'empêcherait pas le mécanisme de récupération de fonctionner. Economiquement, il s'agit d'un mécanisme de « contrat » en situation d'asymétrie d'information.

Notons quand même que ce phénomène reste limité dans son évolution dans le temps. Les augmentations de barème des allocations ne conduisent pas à une hausse des loyers du fait du plafonnement de l'allocation de logement. Les ¾ des allocataires saturent l'aide, ce qui la rend alors insensible à l'augmentation des loyers, sauf au travers de la revalorisation des barèmes.

Chapitre 10
Les aides fiscales et à l'épargne

Dans ce chapitre on évoque simultanément les deux types d'aides, fiscales et à l'épargne, dans la mesure où les aides à l'épargne pour le logement sont majoritairement fiscales.

Historiquement, les aides à l'accession et à l'investissement locatif sont parmi les plus récentes. Celles relatives à l'accession sociale existaient depuis la 2ème Guerre Mondiale dans le cadre du secteur HLM. Elles ont été étendues lors de la réforme des aides au logement en 1977, pour aboutir à sa forme actuelle, le Prêt à Taux Zéro. La défiscalisation de l'investissement locatif privé date du milieu des années 1980. Elle a été décidée dans un contexte conjoncturel spécifique et a été maintenue alors même que le contexte avait changé et ne la justifiait plus.

Les aides fiscales

On qualifie une aide de « « fiscale » quand un revenu ou une dépense fait l'objet d'un traitement différent, plus avantageux, que celui des autres revenus ou dépenses. Toute la question est celle du traitement fiscal de référence. La réponse est loin d'être simple.

Considérons, par exemple, la valeur de l'usage des logements. Quand cet usage résulte de la mise à disposition par un propriétaire bailleur, la contrevaleur de l'usage, à savoir le loyer perçu, est fiscalisée comme revenu pour le bailleur, avec un système complexe de déduction des charges, comme c'est le cas pour tout revenu dont la réalisation engendre des coûts. Quand la mise à disposition est effectuée par le propriétaire à lui-même, l'utilisation de ces logements a une valeur économique qui consiste en loyers dits imputés, celui que les propriétaires se versent à eux-mêmes, et qui constituent un revenu en nature. Il est comptabilisé dans le Produit Intérieur Brut et est un élément du revenu national. Mais il n'est pas fiscalisé. L'évocation de sa fiscalisation soulève en général une vague de protestation. Mais on peut rappeler qu'elle existait en France jusqu'en 1964 et qu'elle existe en Suisse. C'est d'ailleurs une des raisons pour laquelle la Suisse, avec l'Allemagne, est le pays présentant le plus faible taux de propriétaires occupants.

Fiscalement on traite donc de manière différente les revenus en nature issus d'un investissement pour compte propre des revenus monétaires issus d'un investissement locatif ou de tout autre forme d'investissement. Dans le premier cas, les logements sont considérés comme des biens d'investissement, les revenus sont imposés et les charges déductibles. Dans le second cas, les logements sont considérés comme des biens de consommation et les charges ne sont pas déductibles. Quand la déductibilité de certaines charges est permise, comme les intérêts des emprunts contractés pour l'acquisition d'une résidence principale occupée par son propriétaire, cette déduction est logiquement comptabilisée comme une aide par le Compte du logement. Mais en réalité il n'y a pas de raison économique à un traitement fiscal différent selon la forme de l'investissement. Un propriétaire occupant qui aurait investi dans des actifs financiers plutôt que dans son logement serait imposé sur les revenus correspondants alors qu'il ne l'est pas sur le revenu de son investissement immobilier.

En revanche, certaines aides fiscales ne sont pas comptabilisées par le Compte du logement. C'est le cas par exemple de l'exonération de TVA sur les loyers. Cette disposition est de droit et générale en Europe. On comprend qu'elle répond à la volonté des pouvoirs publics de ne pas taxer la prestation d'un service de base, en l'occurrence le service du logement. Les secteurs marchands de l'éducation et de la santé bénéficient aussi de la même exonération. Mais il n'y a pas de raison que cette exonération ne soit pas comptabilisée comme une aide. Indiquons que la masse des loyers effectifs nominaux représente près de 70 milliards € par an, ce qui, même avec un taux de TVA réduit, représente un avantage considérable pour le secteur. Se pose en outre la question de la taxation de la valeur ajoutée sur les loyers imputés qui représentent 140 milliards €. On objectera qu'une telle taxe porterait sur des revenus sans existence monétaire puisqu'ils correspondent à une prestation à soi-même, mais précisément les livraisons de biens ou service à soi-même ne sont pas par principe exemptées de TVA (article 257 du code général des impôts).

Inversement, le logement et l'immobilier en général font l'objet de prélèvements fiscaux. Notons d'abord que ces prélèvements ne doivent pas globalement être rapprochés des aides pour aboutir à la conclusion que le logement contribue aux budgets publics plus ou moins qu'il ne coûte. Les recettes et les dépenses dans un domaine donné, comme le logement, doivent être déconnectées. Certaines activités économiques publiques ne génèrent presqu'aucune recette, comme la défense nationale, l'enseignement ou la police. Par ailleurs il existe des dépenses de transfert en direction de personnes sans revenu comme le RSA, les allocations familiales etc. Par définition ces dépenses n'ont pas de contrepartie en termes de recettes. On ne peut donc pas rapprocher la fiscalité et les aides secteur par secteur mais seulement de manière agrégée.

En revanche, le logement et l'immobilier sont l'objet d'une fiscalité spécifique qu'ils sont les seuls à supporter, comme la taxe foncière. Quant à la taxe d'habitation elle ne relève pas de la fiscalité sur le logement mais consiste plutôt en une fiscalité personnelle. On peut estimer qu'elle ouvre l'accès aux services publics locaux qu'elle contribue à financer. En revanche la taxe foncière est un impôt sur le patrimoine que l'immobilier est la seule composante à supporter. On sait que cette fiscalité vient du passé parce qu'elle est assise sur une base commode à taxer et peu sujette à fraude. Au 21ème siècle ce genre d'argument ne devrait plus tenir.

On reviendra dans les propositions de réforme sur les questions fiscales, mais on peut rappeler d'ores et déjà que les exemptions et autres abattements fiscaux de l'impôt sur le revenu sont par nature anti-redistributifs, dans la mesure où ils ne bénéficient qu'à ceux qui payent l'impôt sur le revenu. Or, en France, un ménage sur deux n'en paie pas. Les réductions d'impôt sur le revenu sont d'autant plus anti-redistributifs que cette fiscalité est progressive. Inversement, la taxe foncière, qui est due presque indépendamment des revenus, est anti-redistributive dans l'autre sens, c'est-à-dire qu'elle pèse sur les plus modestes sans prendre en considération leurs ressources, même s'il existe des abattements et exonérations.

Le seul avantage que l'on peut trouver à la taxe foncière est son effet incitatif à maintenir ou remettre sur le marché un bien resté vacant. La détention d'un bien immobilier inoccupé coûte et ne rapporte rien à son détenteur. La plupart des autres formes d'actifs, notamment financiers, ne font pas, par nature, l'objet d'une taxation sur leur détention. Notons toutefois que l'effet incitatif pour éviter la vacance ne peut contrebalancer l'excès de logements, pas plus que les incitations au retour à l'emploi ne peuvent contrebalancer le déficit d'emplois.

Parmi les aides fiscales figurent aussi les aides à l'épargne. En effet rappelons qu'il existe deux circuits de financement destinés au logement bénéficiant d'une aide publique sous la forme d'une certaine exonération fiscale : le circuit des livrets A qui alimentent les prêts au secteur HLM et le circuit de l'épargne logement. On a déjà évoqué le premier de ces circuits, intéressons-nous à celui de l'épargne logement.

L'épargne logement : un dispositif qui n'a plus de raison d'être subventionné

Le dispositif de l'épargne logement est suffisamment connu pour qu'il ne soit pas nécessaire d'en exposer longuement le fonctionnement. Une phase d'épargne réglementée ouvre droit à un prêt qui bénéficie d'une prime de l'Etat. Cette épargne est assez largement défiscalisée. Notons que le taux du prêt dépend du taux de l'épargne antérieure. Par conséquent, si le système est avantageux comme épargne, il ne l'est pas comme source de prêt, et vice-versa. Dans les périodes de fluctuation des taux, ce mécanisme pèse sur l'économie générale du système. Le principe est que les dépôts financent les prêts. Quand les taux montent, les prêts d'épargne logement qui sont adossés à une épargne antérieure sont avantageux, ce qui accroît la demande de prêts et peut menacer l'équilibre épargne-prêts. Quand les taux baissent, c'est l'inverse. L'épargne antérieure est avantageuse et a tendance à s'accroître tandis que les prêts au taux du marché peuvent être plus avantageux que les prêts d'épargne logement. C'est la situation qui prévaut actuellement, à un point tel que pas plus de 5% des dépôts d'épargne logement sont utilisés sous forme de prêt. Bien entendu l'excédent des dépôts sur les prêts n'est pas perdu. La législation impose de l'utiliser pour le logement sous des formes diverses. On peut se demander pourquoi la collectivité aide une épargne pour des prêts au logement spécifiques auxquels il est peu recouru, alors que le solde de cette épargne est utilisé majoritairement pour d'autres financements du logement.

Le mécanisme et l'aide publique à l'épargne logement datent des années1960, époque où les pouvoirs publics se préoccupaient d'adosser les prêts au logement, qui sont de longue durée, à des ressources également de longue durée et non pas de les financer par des ressources monétaires susceptibles de générer de l'inflation. C'est à la même période qu'a d'ailleurs été créé le marché hypothécaire. Comme pour d'autres dispositifs, ce qui avait du sens dans un contexte n'en a plus nécessairement quand celui-ci a changé. La situation actuelle est caractérisée par une abondance de ressources financières pour le logement qui ne justifie plus les aides publiques au financement.

Les enseignements de 70 ans de politique du logement

La politique du logement a présenté une certaine logique à partir de la fin de la 2ème Guerre Mondiale jusque dans les années 1970. Elle reposait sur le fait avéré d'un déficit de logements et sur le fait que les ménages ne consacraient qu'une faible part de leur revenu pour se loger. L'existence d'un déficit justifiait une politique de soutien de l'investissement en logement neuf quel qu'en soit l'investisseur, secteur HLM, bailleurs privés, ou investisseurs pour occupation personnelle. S'est ajoutée la mise en place de supports propres à assurer un financement du logement sur des ressources longues, notamment l'instauration d'un marché hypothécaire et l'épargne logement.

La faiblesse des taux d'effort explique la tentative de revalorisation des loyers. Il s'agissait aussi de les ramener à un niveau propre à rendre au logement une rentabilité compétitive avec les autres formes de placement. C'était le sens de la loi du 1er septembre 1948 sur les loyers, mais elle n'a pas été mise en œuvre avec la persévérance nécessaire. En revanche l'évolution des loyers du marché s'est chargée de ramener les taux d'effort à un niveau plus normal. C'est également dans ce contexte qu'ont été mises en place les allocations de logement afin d'aider les ménages à supporter des loyers plus élevés.

Toutes ces mesures faisaient l'objet d'un examen régulier par les commissions spécialisées réunies à l'occasion de l'élaboration des plans de développement ou des commissions spécifiques comme celle présidée par Raymond Barre en 1975.

L'apparente cohérence d'ensemble n'a pas empêché les contradictions internes. Les logements neufs du secteur HLM dans ce qu'on appelait les Grands Ensembles, ont d'abord été occupés par des couches moyennes, alors que les ménages plus modestes résidaient encore dans l'habitat ancien sans confort. Les aides à la personne conçues avec l'idée initiale qu'elles seraient transitoires ont finalement été progressivement étendues à d'autres catégories de ménages. Le financement du logement par des ressources plus longues n'a pas été un franc succès, notamment en ce qui concerne le marché hypothécaire.

Les années 1980 ont amené une nouvelle orientation de la politique du logement avec l'accent mis sur l'aide au choix des ménages par la généralisation des aides personnelles au logement et sur l'accession à la propriété. En réalité les pouvoirs publics ont continué à soutenir l'investissement en logement neuf, tant dans le locatif social avec les Prêts Locatifs Aidés, les PLA, qu'en accession à la propriété avec les Prêts aidés à l'Accession à la Propriété, les PAP. Le secteur locatif HLM a continué à prospérer avec de nouveaux financements et en mobilisant les aides à la personne en substitution des aides à la pierre. Dans le secteur privé, se sont maintenues des aides à la pierre conjointement à l'APL. Il n'y a pas eu de vraie réorientation de la politique vers les aides à la personne.

Un certain nombre d'interventions montrent une cohérence dans le temps. C'est le cas de l'amenuisement du champ du contrôle des loyers qui était dans les principes de la loi du 1er septembre 1948. Alors que cette évolution n'est pas encore complètement aboutie, un nouvel encadrement a resurgi avec la loi ALUR.

C'est le cas aussi des allocations logements qui, 50 ans après leur création, ont abouti au début des années 2000 à une allocation logement universelle destinée à tous et à barème unique. En revanche leur financement est resté alimenté par les ressources prévues à l'origine pour les différentes allocations.

En définitive, la politique du logement actuelle cumule deux logiques, une logique sociale et une logique de production de logements. La première repose sur l'idée que la partie de la population la plus modeste ne peut se loger décemment à un coût supportable sans aide publique. La seconde tend à aider à la construction de logements neufs sans trop de préoccupation sur la nature des bénéficiaires des aides. A ces deux logiques correspondent plus ou moins respectivement les aides à la personne et les aides à la pierre. Mais elles s'interpénètrent dans chacun des types d'aide. Ainsi, on a vu les bailleurs sociaux gérer de manière différenciée leurs loyers à l'intérieur de leur parc de logements pour extraire des aides à la personne l'avantage qu'ils n'obtenaient plus sous forme d'aide à la pierre et en faire bénéficier la partie la plus aisée de leurs locataires.

Le problème que pose la politique du logement actuelle est que si la logique sociale a toujours sa nécessité, la logique de production a perdu la sienne du fait de l'abondance de logements, dont les pouvoirs publics n'en ont pas encore pris conscience. Plus généralement les instruments de la politique du logement ont été définis en cohérence avec un certain contexte d'avant les années 1980. Il se caractérisait à la fois par une pénurie de logements et par une pénurie de main d'œuvre, dont le logement était notamment un moyen de mobilisation. Ceci explique l'intérêt qu'ont porté les entreprises au logement de leur personnel et, par exemple, que les allocations logement soient familiales et aient été en partie financées par les entreprises. Pour quelle raison continuent-elles à l'être alors qu'elles obéissent désormais à une logique redistributive qui est normalement assurée par le budget de l'Etat ? Parce qu'à l'origine, l'allocation de logement familiale correspondait à l'intérêt des entreprises pour les familles comme contribuant à produire de la main d'œuvre. C'est *a fortiori* vrai pour le secteur HLM qui a été conçu il y a plus de 100 ans et dont les fondements n'ont jamais été reconsidérés.

Depuis les années 1980 le contexte a changé. Il est caractérisé désormais par une abondance de main d'œuvre et une abondance de logements. Comme ceux-ci sont des biens hétérogènes, leur abondance permet la sélectivité. Les plus attractifs sont toujours fortement demandés ce qui peut donner l'apparence d'une pénurie. La politique de logement n'a pas été réexaminée en conséquence. Il faut donc la réviser. On fait maintenant quelques propositions en ce sens.

Quatrième partie
Propositions de réforme

Chapitre 11
Principes d'une réforme et conséquences

En toute rigueur, cet ouvrage devrait s'arrêter au chapitre précédent. L'économiste mène des analyses scientifiques sur la base de faits avérés, parmi lesquels figurent les interventions publiques. Il évalue alors les phénomènes observés sur la base d'un principe de rationalité économique qui correspond à l'acception courante de l'économie, c'est-à-dire la recherche du moindre coût pour un résultat donné, ou du résultat le plus élevé pour un coût donné. Cette évaluation s'applique aussi aux interventions publiques. Dans cette démarche l'économiste peut être amené à s'interroger sur l'identification des objectifs des politiques, dont on a vu qu'ils pouvaient être confus, contradictoires ou tout simplement pas explicités. Il n'a toutefois pas à formuler d'appréciation sur les objectifs eux-mêmes qui relèvent de l'appréciation des citoyens.

Pour autant, après avoir exposé son analyse, l'économiste est quelquefois sollicité pour savoir ce qu'il propose. Dans ce chapitre on outrepasse donc les limites de l'analyse économique pour faire des propositions. Ces dernières sont forcément subjectives. Mais parler de manière subjective ne signifie pas parler de manière non argumentée. Définir une politique passe par l'identification d'un objectif principal ou prioritaire qui doit déterminer les moyens mis en œuvre. En matière de logement, on retiendra un objectif couramment retenu, celui de « fournir à tous un logement décent à un coût supportable ». Il faut aussi définir des principes de l'intervention publique. Les économistes ont l'habitude de puiser ces principes, qui par définition sortent du cadre de la rationalité économique, dans la philosophie morale, plus précisément dans ce qui est connu comme les « théories de la justice ».

Un objectif : un logement décent à un coût supportable

Cet objectif est notamment celui énoncé dans le *National Housing Act* de 1949 des Etats-Unis et le programme Habitat de l'ONU. Il consiste à fournir aux ménages « *a decent home in a suitable environment* », un logement décent dans un environnement convenable. On y ajoutera un élément complémentaire en précisant « à un coût supportable ». La question est donc de savoir qui, en France, a besoin d'être aidé pour satisfaire cet objectif. La réponse dépend bien entendu du contenu que l'on donne à « décent », « convenable » et « supportable ». Si l'on se réfère aux normes les plus couramment retenues on peut affirmer que plus ou moins les 3/4 des ménages, avec le niveau de vie dont ils disposent ont, quantitativement et qualitativement, des conditions de logement satisfaisantes et peuvent les couvrir financièrement sans aide de la collectivité.

Dire que ¾ des ménages peuvent se loger décemment sans aide publique c'est convenir que les aides publiques ne doivent aider que ceux qui ne peuvent atteindre seuls ces conditions de logement. En ce sens, l'intervention publique doit être résiduelle. Or vient immédiatement à l'esprit toute une série d'aides publiques qui contreviennent à cet objectif. Il s'agit par exemple des aides à l'investissement quand le nombre de logements est suffisant, de la présence en HLM de ménages au-dessus du revenu médian, des aides fiscales qui ne profitent qu'aux personnes assujetties à l'impôt etc.

Inversement, on constate que, malgré les aides publiques, un certain nombre de personnes ne sont pas logées ou sont mal logées ou le sont à un coût prohibitif. Ainsi, l'Union Européenne considère que consacrer plus de 40% de son budget pour se loger constitue une surcharge de dépense de logement. En France un peu plus de 5% des ménages sont dans ce cas, malgré notamment les aides à la personne. Il faut donc s'interroger sur les raisons d'une telle situation et les moyens d'y remédier. Le critère économique qui permet de comparer les moyens pour atteindre un objectif est celui du moindre coût.

Après avoir défini l'objectif, il s'agit maintenant des définir des principes d'intervention qui concernent la manière dont doivent être traitées les personnes. La théorie économique ne fournit pas de réponse à cette question et les économistes mobilisent les théories de la justice.

Deux principes de justice

On retient ici deux principes standards en théorie de la justice, un principe d'équité verticale et un principe d'équité horizontale.

L'équité verticale renvoie à la redistribution entre ménages de revenu différent, c'est-à-dire des riches vers les pauvres. Autrement dit, on doit aider les ménages d'autant plus qu'ils ont un moindre revenu. L'aide doit être au moins décroissante quand le revenu s'élève. C'est loin d'être le cas actuellement pour toutes les aides. Ainsi, les dispositifs d'aide à l'investissement locatif mis en place depuis 30 ans sont totalement anti-redistributifs. Sur une forme plus ancienne de ce dispositif, les statistiques fiscales montraient que 90% de l'aide bénéficiaient aux

10% des ménages les plus riches. Il est vraisemblable que les aides fiscales à l'investissement locatif actuelles ne présentent pas des résultats très différents. D'une manière générale celles-ci vont généralement à l'encontre du principe de redistribution verticale. Pour en bénéficier il faut en effet payer des impôts. Or ce n'est le fait que de la moitié des ménages, la plus riche. Dès lors tout allégement fiscal est anti-redistributif.

Le deuxième principe d'équité est l'équité horizontale. Elle s'exprime de manière simple en énonçant qu'il faut traiter également les égaux. Deux ménages ou deux personnes ou deux situations présentant des caractéristiques semblables doivent être traités ou aidés de la même manière. Parmi les caractéristiques conduisant à une aide, une des principales est le revenu. Le principe d'équité horizontale indique que deux ménages ou personnes égaux par le revenu doivent pouvoir bénéficier des mêmes aides. C'est ce principe de justice qui fonde par exemple les aides aux familles (allocations familiales et quotient familial fiscal) : à revenu égal, une famille comptant plus de personnes a un niveau de vie moindre qu'une famille de plus petite taille. Selon le principe d'équité horizontale cette différence de niveau de vie doit être, au moins en partie, compensée.

Le principe de « traitement égal des égaux » conduit à une conséquence importante. La collectivité ne doit accorder une aide à certains ménages que si elle peut l'assurer à tous ceux qui présentent les mêmes caractéristiques. En matière de biens manufacturés et de services relativement homogènes, cette règle peut toujours être mise en œuvre. Par exemple, un publicitaire avait affirmé qu'on n'a pas réussi sa vie « si on n'a pas une Rolex à 50 ans ». La collectivité pourrait considérer qu'il faut donc fournir une Rolex à toute personne de 50 ans qui ne peut pas s'en offrir une, pour qu'elle n'ait pas raté sa vie. Comme il s'agit d'un produit manufacturé, la production de ce bien ne pose pas de difficulté majeure. Ne se pose que le problème du montant que la collectivité devrait consacrer pour obtenir ce résultat.

En matière de logement le traitement égal des égaux peut fonctionner et fonctionne effectivement avec les aides à la personne et les aides fiscales. Ainsi, quand on remplit les conditions pour bénéficier d'une allocation de logement, on peut en bénéficier dès lors qu'on l'a demandée. L'aide est quelquefois définie comme étant « à guichet ouvert », c'est-à-dire qu'elle n'est pas rationnée. Il en est de même pour les exonérations fiscales, même si elles contreviennent à l'équité verticale. Elles satisfont donc le principe d'équité horizontale. Ce principe de distribution des aides est lourd de conséquences pour les finances publiques. Il entraîne par nature une incertitude sur le nombre de bénéficiaires ainsi que sur le montant de l'aide et peut entraîner un gonflement non maîtrisé des volumes. La seule méthode pour leur contrôle est alors l'action sur les barèmes.

Le traitement égal des égaux n'est pas systématiquement possible pour toutes les aides au logement. C'est le cas en particulier pour l'accès à certains logements. En effet, ce sont des biens hétérogènes, tous différents, notamment par la localisation. Pour une localisation donnée, il n'est pas possible de satisfaire la demande de tous les candidats. L'allocation des biens immobiliers par le marché permet de traiter le problème par le mécanisme du plus offrant. Les logements les plus demandés vont à ceux qui peuvent et veulent payer le plus. C'est ce qui explique la différenciation des prix des logements, notamment dans l'espace. La collectivité pourrait vouloir permettre le logement à Paris de ménages qui ne peuvent s'en offrir un et qui le désirent. Mais elle ne peut pas l'assurer à tous, non pas pour des raisons budgétaires, mais pour des raisons de limitation physique de l'espace et de la quantité de biens immobiliers. Cette limitation empêche tous les Franciliens qui le désirent d'habiter Paris. La solution qui est retenue est la sélection administrative de certains ménages parmi tous les candidats présentant les mêmes caractéristiques. Ce mode d'allocation des logements contrevient au principe de traitement égal des égaux.

L'aide qui contrevient le plus à ce principe est l'accès en HLM. De nombreuses demandes de logements HLM émanant de ménages qui remplissent les conditions requises ne sont pas satisfaites. On a expliqué précédemment la nature économique de l'offre HLM, offre d'un bien un peu différent mais à un prix inférieur au prix du marché. Une partie de la demande est nécessairement insatisfaite dès lors que tous les ménages éligibles sont plus nombreux que les logements HLM demandés.

Loger des ménages relativement aisés dans le parc social est par ailleurs injuste en termes d'équité verticale, puisqu'on aide des ménages aisés au détriment des ménage plus modestes qui sont ou pourraient être demandeurs et dont la demande ne peut pas être satisfaite. C'est également injuste en termes d'équité horizontale puisque tous les ménages d'un même niveau de revenu ne peuvent pas bénéficier de cette aide.

Une solution serait d'accroître l'offre jusqu'au point où elle satisfait la demande. C'est la politique qui semble actuellement retenue. Mais pourquoi construire toujours plus de logements HLM pour en faire bénéficier des ménages qui peuvent payer le prix du marché ? Satisfaire cette demande représente un coût considérable pour la collectivité. Par ailleurs l'hétérogénéité des logements HLM eux-mêmes ne résoudrait qu'imparfaitement la question puisque certains logements HLM sont plus désirés que d'autres. La question reste entière de savoir qui doit loger en HLM et dans quel logement HLM. Deux solutions sont alors possibles.

Deux solutions pour le secteur HLM : le banaliser ou accentuer son caractère social

L'accentuation du caractère social du secteur HLM passe par la mise en œuvre du premier principe, le principe d'équité verticale : doivent d'abord être logés en HLM les plus modestes. Ce principe permettrait également d'équilibrer l'offre et la demande. Puisque l'offre est limitée, il suffit d'attribuer les logements HLM en commençant par les ménages les plus modestes jusqu'au point où la capacité d'accueil est atteinte. Cet équilibre peut être réalisé en abaissant le plafond de revenu pour l'accès en HLM. Ce faisant on respecterait le deuxième principe de justice en fournissant l'aide à tous les ménages dans la même situation. Cet équilibre serait vraisemblablement atteint si le parc social se contentait de loger les 30% des ménages les plus modestes.

Naturellement la mise en œuvre de ce principe passerait par une mobilité accrue dans le parc HLM, ce qui peut aussi constituer un objectif en soi. Il n'est pas concevable que le bénéfice d'un logement HLM ne soit remis en cause que dans des conditions extrêmes : dépassement deux fois de suite du revenu du locataire de plus de deux fois le revenu plafond d'admission. Pour un célibataire parisien le revenu d'exclusion correspond au revenu perçu par 95% de la population. Autant dire que les évictions effectives sont minimes. Pour que le parc HLM offre un flux de logements libres en volume suffisant, une solution est de limiter la durée des baux locatifs en HLM. Bénéficiant d'un avantage fourni par la collectivité, ces locataires ne devraient pas bénéficier de la même protection quant au maintien dans les lieux que les locataires du secteur privé. Il faudrait en outre que les baux ne soient pas renouvelables sans réexamen de la situation du ménage au regard des conditions d'accès. Les ménages déjà logés en HLM devraient être traités du point de vue du bénéfice de ce type de logement comme les nouveaux entrants, en vertu du principe d'équité horizontale. Certaines de ces réformes sont d'ailleurs envisagées actuellement par le gouvernement.

Néanmoins, la question de savoir qui doit aller en HLM n'est pas résolue pour autant. Elle se décline en effet en une deuxième question : qui doit aller où ? On a souligné le caractère hétérogène du parc HLM dû au bâti et à la localisation. La désirabilité de ces logements est donc différente et la demande, au moins potentielle, également. Ce problème se complique avec la question du loyer demandé aux locataires des différents segments du secteur HLM. Les loyers étant peu différenciés entre les logements, la différence avec le loyer de marché n'est pas la même. Loger en HLM est plus avantageux dans certains logements que dans d'autres. L'attribution des logements les plus attractifs doit donc répondre à des nécessités sociales impérieuses. Ce peut être le cas pour des populations qui ont des sujétions contraignantes en ce qui concerne les horaires de travail. On peut concevoir par exemple que soient logés à Paris des personnels de santé ou d'autres services dont les horaires ne leur permettent pas l'utilisation des transports publics. Les populations concernées représentent vraisemblablement des effectifs limités.

Dans ces conditions l'accès dans les logements HLM les plus attractifs ne peut correspondre que rarement à une nécessité sociale. Il est alors concevable d'envisager l'autre solution qui est la banalisation de ce secteur.

Dans cette seconde option les logements HLM deviennent des logements pour tous. Il n'y a plus de plafond de revenu et les loyers sont amenés progressivement au niveau du secteur privé. Les organismes HLM se transformeraient en bailleurs à but non lucratif, ce qui justifierait certaines exemptions fiscales, mais ne bénéficieraient pas de subventions ou d'un circuit de financement spécifique. Les bailleurs sociaux pourraient se financer sur les marchés ou auprès du secteur bancaire, puisque de toute façon ce sont bien les dépôts des ménages qui alimentent le circuit. A l'heure de l'économie circulaire, on pourrait imaginer que ces dépôts soient directement prêtés par les banques, plutôt que prêtés par la Caisse des Dépôts après centralisation. Elles pourraient d'ailleurs prêter davantage que ne le fait la Caisse des Dépôts puisqu'actuellement toute l'épargne centralisée n'est pas prêtée. Avec des prêts bancaires bénéficiant des mêmes garanties qu'actuellement, elles assureraient elles-mêmes les risques de défaut. Elles géreraient également elles-mêmes le risque de liquidité inhérent au financement de prêts à long terme par des ressources de court terme, comme elles le font d'ailleurs déjà maintenant avec les prêts immobiliers aux particuliers. On peut aussi concevoir un financement du secteur HLM par le marché financier.

Le choix de cette option de banalisation du secteur HLM devrait aussi s'accompagner d'une modification de la politique de loyer qui y est pratiquée. Plus précisément on suggère le redressement de la pente des loyers pour la rapprocher de celle du secteur privé. Explicitons.

Redresser la pente des loyers HLM

On a déjà signalé que les loyers HLM étaient peu différenciés à l'intérieur du parc, bien moins que les loyers du secteur privé. Le logement HLM est plus avantageux dans les zones les plus attractives, souvent plus centrales, qu'en zones périphériques. Les ménages à revenu moyen et élevé y sont davantage présents, tandis que les logements les moins attractifs sont occupés par les plus modestes, qui paient des loyers élevés au regard de l'attractivité des logements. Et ces loyers ne sont supportables que grâce aux allocations de logement.

On suggère d'augmenter les loyers des logements les plus attractifs supportés par les locataires trop aisés pour bénéficier de l'APL. Cette évolution devrait être gérée par les bailleurs jusqu'au point où le rapport loyer-qualité ne provoque pas une sortie de ces ménages du parc HLM. En contrepartie les loyers des logements occupés par les plus modestes seraient diminués. Cette mesure pourrait inciter des ménages dont les revenus leur interdisent le bénéfice des allocations de logement de se tourner vers cette partie du parc HLM. Elle aurait aussi pour effet d'alléger le poids des allocations de logement dans ce secteur.

Ce redressement de la pente des loyers HLM peut s'opérer au moins dans un premier temps à masse globale des loyers inchangée. La baisse des loyers des ménages allocataires serait compensée par la hausse des loyers des ménages non allocataires. Comme les allocataires sont à peu près aussi nombreux que les non allocataires, l'équilibre entre les hausses et les baisses pourrait être obtenu assez aisément. Juridiquement le redressement de la pente des loyers pourrait être effectué en renégociant les conventions entre les bailleurs HLM et l'Etat qui encadrent les loyers.

La finalité est de rapprocher la pente des loyers du secteur locatif social de celle du secteur privé. Le différentiel de loyers avec le secteur libre serait donc amené à se réduire. Notons que c'est ce qu'ont réalisé certains pays considérés comme des modèles de régimes sociaux, le Danemark, les Pays-Bas, la Suède. Quant à l'Allemagne, elle n'a qu'une proportion de 8% du parc de logements à loyer réduit.

La fiscalité du logement

Rappelons que le logement est un des domaines où existe une fiscalité spécifique. En premier lieu, la détention d'un bien immobilier, logement ou autre, supporte la taxe foncière. Elle constitue un impôt sur le patrimoine, et ce dès le premier euro, alors que les autres formes de patrimoine ne sont atteintes qu'au travers de l'impôt de solidarité sur la fortune qui bénéficie d'un seuil d'exonération. L'impôt sur la fortune est même appelé à disparaître pour le patrimoine financier et ne devrait être conservé que pour l'immobilier sous la forme d'un impôt sur la fortune immobilière. Il y a donc une inéquité horizontale dans le traitement des différentes formes de patrimoine.

Dans la taxe foncière elle-même réside aussi une inéquité dans le montant de la base imposable. Il est notoire qu'à valeur économique identique, les valeurs locatives qui servent de base à l'impôt peuvent être différentes. La réévaluation des valeurs locatives qui servent aussi à la détermination de la taxe d'habitation est une nécessité reconnue depuis longtemps mais qui peine à être mise œuvre.

La taxe foncière est également un impôt qui contrevient au principe d'équité verticale. Le taux de cet impôt n'est pas différencié selon le revenu et son montant ne dépend pas non plus du revenu du propriétaire. Dès lors des ménages modestes peuvent être soumis à l'impôt foncier alors qu'ils ne sont pas imposables sur le revenu. Le législateur a dû mettre en place des dispositifs pour tenter d'éviter cet inconvénient. La solution la plus simple à ce problème est de remplacer la taxe foncière par un impôt sur les revenus fonciers, qu'ils soient effectifs ou imputés.

Cette fiscalisation permettrait de respecter la progressivité de l'impôt et éviterait les exonérations de taxe foncière mises en œuvre pour les ménages modestes. En définitive, on simplifierait un système où les propriétaires occupants ne sont pas imposés sur leurs loyers imputés mais subissent un impôt sur le patrimoine, tandis que les propriétaires bailleurs supportent un impôt sur le revenu des loyers dont sont déduits les impôts fonciers résultant de la détention du bien imposé. Cela éviterait aussi d'imposer des biens immobiliers qui ne rapportent rien.

Revenir sur les dispositifs de défiscalisation liés au logement

La défiscalisation relative au logement consiste dans celle de l'épargne et celle de l'investissement locatif.

On a évoqué le régime fiscal et/ou les aides directes spécifiques à l'épargne censée être destinée au logement, les Livrets A et l'épargne logement. Leur finalité initiale, qui était d'attirer une épargne, si possible de long terme, pour le logement, est désormais sans objet. Les banques n'ont eu aucune difficulté à mobiliser l'épargne, comme elles l'ont montré en doublant le volume des prêts au logement depuis 15 ans.

Cette défiscalisation contrevient aux principes de justice que l'on a énoncés. Par définition, toute défiscalisation, dont celle de l'épargne, bénéficie aux ménages imposés. Elle est donc par nature anti-redistributive et contrevient au principe d'équité verticale. Mais elle contrevient aussi au principe d'équité horizontale puisque toutes les formes d'épargne ne bénéficient pas de défiscalisation, même si c'est le cas de beaucoup d'entre elles.

Le comble de l'inéquité verticale et horizontale est atteint avec la défiscalisation de l'investissement en logement. L'inéquité verticale vient non seulement de la nature fiscale de l'aide mais aussi du fait que peuvent se permettre d'effectuer un investissement locatif les plus aisés des contribuables. L'inéquité horizontale tient notamment au fait que la collectivité aide les bailleurs privés qui investissent à but lucratif mais qu'elle n'aide pas en général les ménages qui investissent pour se loger eux-mêmes. Quant à l'argument économique du soutien de la construction de logements locatifs privés, il ne tient pas dans le contexte d'abondance de logements que connaît la France. La réalité du maintien de cette disposition est que les investisseurs ont acquis une accoutumance à l'aide et qu'en cas d'arrêt, la promotion immobilière en subirait le contrecoup.

Traiter la vacance

L'observation de l'état du marché du logement montre qu'il y a une vacance importante des logements ce qui constitue un problème. En effet, un logement vacant qui a engendré un coût de production et qui n'est pas utilisé est une perte nette pour la collectivité. Quand il y a une demande potentielle que l'on satisfait avec de la construction neuve, cela représente un surcoût. Il faut s'interroger sur les logements vacants et de manière générale il faut mieux gérer le parc existant. La première étape consisterait à améliorer l'information sur ces logements, dont on n'a actuellement qu'un chiffrage global. A l'instar de la Suisse, une enquête périodique pourrait être réalisée pour mieux les connaître en ce qui concerne leur localisation, leurs caractéristiques, leur dernière occupation etc.

Dans un deuxième temps devrait être élaboré un programme spécifique les concernant dont la priorité devrait être de les réinsérer dans le marché. S'agissant de leur amélioration, il existe une batterie de dispositifs gérés par l'Agence nationale de l'habitat, l'ANAH. Le problème est que leur mobilisation est laissée à l'initiative des propriétaires. Or ceux-ci sont, soit occupants et ne sont concernés que par leur seul logement, soit bailleurs privés qui n'ont en moyenne que deux logements et donc certains âgés et lointains manifestent peu d'intérêt pour leur propriété. C'est dire que l'émiettement de la propriété immobilière ne facilite pas leur mobilisation. Certains sont informés et parviennent à mobiliser les aides publiques. D'autres ignorent leur existence ou sont peu enclins à les mobiliser. Un recours plus général aux aides publiques suppose une action de mobilisation spécifique du type de celle mise en œuvre dans les opérations programmées d'amélioration de l'habitat, les OPAH. Elle comporte notamment la mise en place d'une équipe de suivi-animation qui va à la rencontre des propriétaires et des autres personnes concernées pour les inciter et les aider à demander les aides disponibles. C'est d'ailleurs le cas pour les copropriétés dégradées pour lesquelles il existe la possibilité d'OPAH spécifiques.

Par ailleurs, les politiques publiques sont souvent conçues au travers de dispositifs incitatifs dont on a mesuré les limites. Dans certains cas, une action plus efficace peut passer par la mobilisation de moyens plus normatifs, comme par exemple la réquisition. Les propriétaires pourraient se voir proposer un bail à réhabilitation. Ils percevraient un loyer modéré versé par un opérateur qui supporterait le coût de la réhabilitation et percevrait le loyer du logement rénové.

La destruction devrait être aussi envisagée. Elle rencontre dans l'habitat privé une difficulté liée au lien entre type de logement et statut d'occupation. Dans beaucoup de pays, les immeubles d'appartements sont détenus en totalité pas des bailleurs, comme le sont les logements HLM en France. Démolir est alors relativement aisé. Il « suffit » de libérer les logements et de prendre la décision de détruire. Quand les maisons sont des maisons individuelles non mitoyennes construites en bois comme en Amérique du nord, les démolir est aussi relativement aisé. En France les appartements locatifs privés sont dans des immeubles où résident aussi des propriétaires occupants. On ne peut pas détruire un appartement seul sans détruire l'immeuble. Or libérer l'immeuble entier est plus difficile. Une réflexion spécifique sur le traitement de la propriété des logements vacants s'impose.

Réformer la gouvernance en matière de politique locale du logement.

Les marchés du logement sont locaux. Si on veut mener une action efficace, il faut donc mener une politique locale. Certaines questions locales sont toutefois assez générales pour être traitées à un niveau national. En France, c'est à ce niveau qu'est définie la majeure partie de la politique du logement et qu'est mobilisé l'essentiel des moyens. La loi définit aussi certaines obligations des collectivités territoriales en matière de logement. Ce n'est pas le cas dans tous les pays, notamment les états fédéraux, qui n'ont que peu, voire pas, de politique nationale du logement. L'essentiel de la politique est mené au niveau régional.

Dès lors la question est posée de savoir qui doit décider quoi en matière de logement.

Le principe économique qui peut guider la réponse est que les politiques doivent être menées et les décisions prises là où l'action est efficace. Plus précisément elle doit s'exercer sur la totalité de l'ensemble où s'effectue le choix des agents. En matière de logement, cela correspond au périmètre de son marché local. Inversement, on ne peut pas définir une politique de logement sur un périmètre qui fait partie d'un ensemble plus vaste d'où ou vers lequel les ménages peuvent se déplacer pour se loger. De ce point de vue, le niveau communal ne présente aucune pertinence pour quelque décision que ce soit en matière de logement. Aucune commune, aussi importante soit-elle, ne constitue à elle seule un marché du logement. Toute décision concernant notamment l'offre de logement au niveau communal affecte nécessairement l'environnement géographique de la commune. Et inversement.

C'est la raison pour laquelle les décisions les plus importantes en matière de logement sont prises au niveau des intercommunalités. Ce sont elles qui élaborent notamment le Plan local de l'habitat (PLH) et le Plan local d'urbanisme (PLU). Dans bien des agglomérations, le périmètre des intercommunalités est lui-même trop restreint par rapport au périmètre de décision des ménages en matière de logement. C'est le cas des grandes agglomérations. Ainsi le PLH de la Métropole européenne de Lille fait état d'une demande importante de logements et affirme la volonté de « construire plus ». Le PLH de la communauté d'Henin-Carvin affirme une ambition « de reconquête démographique ». Ces objectifs sont légitimes, sauf que Carvin est à 25 km de Lille par l'autoroute Lille-Paris et qu'il suffit d'emprunter cette autoroute aux heures d'embauche pour réaliser que les bassins d'habitat ne sont pas indépendants. Autrement dit, il est douteux que les objectifs ambitieux des deux agglomérations puissent être atteints tous les deux. L'attraction de population par l'agglomération lilloise ne peut se faire qu'au détriment de son environnement géographique. Le même problème de pertinence géographique des décisions en matière de logement se pose dans les petites communes, dont on voit certaines se livrer à une concurrence territoriale par les prix fonciers, par exemple dans les lotissements communaux, pour attirer une population nouvelle. Là aussi cet objectif peut être légitime, mais il ne doit être défini qu'en cohérence avec les politiques de logement des autres communes environnantes.

Par ailleurs, il reste des décisions qui relèvent du pouvoir des maires. C'est la délivrance des permis de construire et un certain pouvoir d'attribution des logements HLM. Encore une fois, ce niveau de décision n'a aucune pertinence économique. Le problème est que les maires ont le plus de légitimité démocratique du fait de leur élection au suffrage universel direct[33], alors que le niveau pertinent pour la définition d'une politique locale du logement est intercommunal. Mais les élus des intercommunalités sont élus au suffrage indirect et n'ont donc qu'une moindre légitimité démocratique. Cela génère un cercle vicieux de la légitimité et des compétences. Ayant la légitimité, les élus municipaux sont fondés à intervenir dans les domaines où peut être définie une politique. Ayant une apparente maîtrise de la politique du logement, il est fondé qu'ils soient élus au suffrage direct. En réalité la politique ne peut être qu'intercommunale. Pour disposer d'une pleine légitimité démocratique il est donc nécessaire que les élus des intercommunalités le soient au suffrage direct. Cela conduira à restreindre le rôle des élus communaux et à amener l'intégration des communes dans des ensembles plus vastes et plus pertinents pour la définition des politiques locales. Et cette problématique ne concerne pas que le logement.

Dans le contexte actuel du marché du logement l'abondance de logements n'empêche pas qu'il reste des personnes sans logement ou mal-logés. Ce n'est donc pas le fait d'une pénurie de logements et construire davantage ne constitue pas la solution du problème. Il s'agit donc de

[33] En droit les maires sont élus par les conseils municipaux, mais en fait le maire est la tête de liste qui a emporté la majorité des suffrages de la population.

réorienter la politique du logement de la construction vers l'action sociale.

Réorienter la politique du logement vers l'action sociale

Le constat est que les logements disponibles et décents existent et que le problème des mal-logés réside dans l'accès au logement. La raison peut résider dans l'insuffisance de capacités financières. En principe les dispositifs de revenu minimum et d'allocations de logement sont censés constituer la réponse à cette question. La difficulté est qu'un certain nombre de ces personnes ne cherche pas à les mobiliser. Il faut donc « aller les chercher » pour les amener au logement. Une interface entre elles et l'offre de logement s'avère nécessaire. On peut noter d'ailleurs que le problème est plus général que celui du seul logement. Il se pose aussi pour l'accès aux soins, à l'emploi, à l'éducation. Pour le dire autrement, la solution réside dans les personnes, c'est-à-dire le côté demande, et non pas dans l'offre de services publics ou privés. Cela impose un traitement social du problème.

Le même type d'observation peut être fait à propos du traitement des quartiers en difficulté. Les problèmes qu'ils posent relèvent du social et doivent être traités à ce niveau. La démolition et la reconstruction des logements dans ces quartiers sont à la fois coûteuses, inefficaces, et socialement contestables. Il serait plus économique de développer une action sociale auprès des populations pour les aider à utiliser de la manière la plus efficace les services publics ou privés.

Conclusion

Revenons au point de départ, c'est-à-dire à la hausse des prix immobiliers depuis la fin des années 1990. On a vu qu'elle n'est pas un signal pour l'état du marché immobilier. Elle n'exprime pas l'existence d'une tension, encore moins d'une pénurie. Ceci ne veut pas dire que toute hausse du prix des biens soit sans signification du point de vue du marché immobilier, mais elle n'en a une que lorsqu'elle résulte d'une hausse des loyers. Le prix qui révèle le mieux l'état du marché du logement est donc le prix des loyers, à condition qu'il reste soumis aux lois du marché, au moins partiellement. Rappelons que le prix des logements est déterminé par les loyers et le coefficient d'actualisation, le taux d'intérêt.

Ce que révèle l'évolution du prix des logements

La stabilité du prix des loyers depuis au moins 15 ans révèle que le marché n'a pas connu de facteurs internes d'évolution conjoncturelle. Le cycle immobilier que l'on connaît a donc une source extérieure au marché immobilier, en l'occurrence financière. Il a consisté dans la baisse du prix de l'argent et plus généralement dans l'amélioration des conditions de financement. Ce phénomène a été initié par les banques centrales, ou au moins l'ont-elles laissé se manifester, avec l'idée que l'argent bon marché est bon pour l'économie. Conjoncturellement c'est peut-être vrai, structurellement ça ne l'est pas. Le prix de l'argent est aussi le prix du temps. Baisser le prix de l'argent c'est dévaloriser le futur. Or il y a un prix d'équilibre de long terme du futur qui est supérieur au taux d'intérêt actuel.

Le phénomène initial est donc un choc de crédit, dont les banques sont à l'origine et qui visait à compenser par les volumes les marges plus serrées résultant de la baisse des taux. Ce phénomène a été concomitant avec la création de l'euro mais assez largement indépendant de celui-ci, même s'il l'a sans doute accentué dans la mesure où les taux ont davantage baissé du fait de l'appartenance à la zone euro. Cette zone comprend des pays comme l'Allemagne où les besoins de financement étaient et sont encore largement couverts par les capacités de financement, ce qui justifie des taux bas. Les choses auraient-elles été différentes si la France était restée monétairement autonome ? Elle aurait gagné en autonomie quant à sa politique budgétaire, mais elle aurait connu un coût de l'endettement plus élevé. L'appartenance à la zone Euro a limité les marges de manœuvre de la politique budgétaire française. Mais en fait la règle de Maastricht est une contrainte que l'Europe impose à la France qui n'est pas capable de se l'imposer elle-même, puisqu'on est depuis au moins 30 ans en déficit budgétaire. Le problème est que la contrainte budgétaire européenne est actuellement conjoncturellement néfaste, même si elle est structurellement nécessaire. Encore peut-elle se révéler conjoncturellement insuffisante. On ne doit pas accepter un déficit, fût-il de 3%, quand la conjoncture ne le demande pas, précisément pour pouvoir en pratiquer un, éventuellement supérieur à 3%, quand la conjoncture l'exige.

C'est la difficulté majeure de la zone Euro : mener une politique monétaire pour des pays présentant des situations macroéconomiques différentes. Néanmoins, la zone euro reste une innovation politico-économique positive à long terme.

Trop d'argent dans le logement

La politique de taux bas et le gonflement du crédit ont entraîné la flambée des prix immobiliers. C'est donc un excès d'argent, privé, qui est à l'origine de la hausse des prix. Etant d'origine privée, l'argent investi dans le logement résulte du libre choix des agents économiques, banques, investisseurs, promoteurs, constructeurs. Cette abondance d'argent a solvabilisé les ménages qui peuvent payer leur logement deux fois plus cher qu'il y a 15 ans. C'est ce qu'ils font. Ce qu'ils gagnent en conditions de financement, ils le perdent en prix plus élevés. Ce mécanisme fonctionne parce que les prix ne sont pas adossés à un coût de production. Le mode de détermination est inverse. C'est le prix qui fait le coût de production parce qu'un de ses composants, le foncier, n'est pas produit. En définitive, le foncier n'a de prix que celui que les ménages veulent bien payer.

Mais l'argent vient aussi des pouvoirs publics. Les dépenses publiques dans le logement sont excessives au regard de ce qu'on peut considérer comme un objectif raisonnable de la politique du logement, offrir à tous un logement décent à un coût supportable. Cet abondance d'argent à contribué certes à accroître la production mais le niveau d'offre de logements actuel dépasse les besoins.

En définitive il y a bien trop d'argent dans le logement, trop d'argent privé et trop d'argent public.

Repenser l'action publique

Le logement est d'un des domaines d'intervention tutélaire de l'Etat à côté de l'enseignement et des soins. Le caractère tutélaire consiste dans le fait que la consommation de ces services n'est pas laissée au libre choix total des ménages. L'intervention publique vise à l'accroître. Par exemple, la consommation est obligatoire en matière d'éducation ou en matière de prévention des maladies par la vaccination. Dans ce cas le prix du service est nul. Mais l'intervention publique peut être incitative par le prix pratiqué. Par exemple l'enseignement au-delà du niveau obligatoire est presque gratuit.

En matière de logement, l'intervention tutélaire de l'Etat est plus modérée. L'essentiel de l'offre de service logement est d'origine privée. L'Etat n'impose pas une obligation de consommer, mais offre des dispositifs incitatifs, sous-tendus par l'idée que spontanément les personnes sont portées à consommer davantage de logement.

Pour autant, l'exemple du logement montre qu'il ne suffit pas qu'il y ait une offre abordable pour que tous s'en saisissent. Par exemple, en matière d'éducation, malgré l'école gratuite et obligatoire, il existe des jeunes en situation de décrochage. En matière de santé, malgré la sécurité sociale et la Couverture Maladie Universelle, la CMU, il existe des personnes qui ne se font pas soigner. En matière de logement, malgré le secteur HLM, les allocations de logement et le Droit au Logement Opposable (DALO), il existe des mal-logés.

La raison peut être en partie l'insuffisance financière des aides publiques. Elle réside surtout dans une mobilisation insuffisante des personnes qui ont besoin d'aide, ce qui rend nécessaire une interface entre les aides publiques et les personnes qui n'y ont pas accès. Ce besoin vaut d'ailleurs pour tous les services publics. L'exemple de l'accompagnement pour l'accès des jeunes à l'emploi montre que cette interface est nécessaire et que le travail est considérable, sauf à accepter cette forme de marginalisation.

Les moyens doivent être réorientés vers ces besoins. Pour le logement, comme le secteur marchand permet de satisfaire les besoins à un coût supportable pour la majorité de la population, elle n'a pas besoin d'être aidée. L'aide doit donc être concentrée sur ceux qui en ont réellement besoin. Celle-ci peut prendre la forme d'une offre (locative) spécifique et d'une une aide financière (allocations de logement). Il n'est pas utile d'aider des ménages qui n'en ont pas besoin au nom d'une finalité de mixité sociale ambigüe et largement illusoire.

Le logement reflet de la société française

Le logement est un « fait social total » selon l'expression de l'ethnologue Marcel Mauss, c'est-à-dire qu'il cristallise l'état de l'ensemble de la société française et de ses problèmes.

Globalement la situation du logement est bonne. C'est vrai aussi pour la situation des Français en général. Comme en matière de logement, leur perception de la réalité est biaisée.

Economiquement, l'économie française est dans la phase descendante d'un cycle, et vraisemblablement le creux est-il déjà dépassé. Dans cette phase, la situation de l'ensemble des ménages ne s'est pas ou s'est peu améliorée. Ce cycle est dû à un choc monétaire. L'accroissement de la valeur des patrimoines ne doit rien à un prélèvement accru sur la richesse produite, sous forme de loyers plus élevés dans le cas du patrimoine immobilier. L'enrichissement des détenteurs de patrimoine est purement nominal. Il est imputable au coefficient de capitalisation des richesses produites. C'est d'ailleurs cet enrichissement qui a permis l'augmentation des revenus les plus élevés, lesquels consistent d'ailleurs souvent en parts de patrimoine.

Par ailleurs, le logement est hétérogène donc porteur de différences, qui sont quelquefois présentées ou vécues comme des inégalités. Mais tout le monde ne peut pas habiter le même logement, parce que les logements diffèrent notamment par leur localisation. Les ménages manifestent une certaine préférence pour le centre des agglomérations dont une des manifestations est la densité croissante quand on se rapproche des centres villes. Tous les ménages ne peuvent pas être logés dans les centres villes. L'affectation des logements ne peut s'opérer que par un mécanisme de marché ou une allocation politique qui comporte nécessairement une part de choix discrétionnaire.

La politique du logement est orientée tous azimuts. Les aides au logement sont génératrices d'avantages plus ou moins importants pour presque tout le monde. Chacun tient à son petit privilège mais est très attaché à l'égalité. Cette contradiction ne peut que générer une fuite en avant vers toujours plus d'aides. C'est pourquoi il est temps de redéfinir les orientations de la politique du logement et donc les moyens à mettre en œuvre.

Table des matières

Économie et Entreprise

aux éditions L'Harmattan

Dernières parutions

LA DÉCROISSANCE ÉCOLOGIQUE TRANSFORME L'ENTREPRISE
Christophe Bernard
Ce livre identifie les failles du développement durable appliqué à l'entreprise. Il identifie ensuite la meilleure forme de gouvernance pour une entreprise qui se veut soucieuse d'écologie et prête à décroître s'il le faut. Il propose enfin des outils à mettre en place pour permettre aux entreprises de décroître, et revient sur le rôle qui incombe aux États en matière de politique économique, car une entreprise ne peut envisager une décroissance écologique harmonieuse sans soutien de l'État.
(Coll. L'esprit économique, 23.50 euros, 224 p.)
ISBN : 978-2-343-12401-8, ISBN EBOOK : 978-2-14-004352-9

LE MANAGEMENT ENTRE CIVILISATION ET BARBARIE
Rappin Baptiste
Coordonné collectivement par La Société de Philosophie des Sciences de Gestion
Que le management emplit désormais nos existences contemporaines est un fait, et ne saurait être remis en cause : en effet, de notre naissance à notre disparition, nous sommes désormais constamment en prise, directe ou indirecte, avec les organisations. Mais le constat du fait social total suffit-il à assimiler le management à la civilisation ? C'est tout l'enjeu de cet ouvrage collectif que de répondre à cette question en analysant les liens qui unissent ou séparent management, civilisation et barbarie.
(Coll. Perspectives organisationnelles, 36.00 euros, 348 p.)
ISBN : 978-2-343-12261-8, ISBN EBOOK : 978-2-14-004209-6

LE HARCÈLEMENT MORAL DANS LA VIE PRIVÉE
Connaître la loi pour mieux l'appliquer (nouvelle édition)
Hincker Laurent
La harcèlement moral et la violence psychologique précèdent la violence physique. Des personnalités complexes, souvent appelées pervers narcissiques, sont les auteurs de ces violences invisibles. Quelles stratégies la loi nous permet-elle de mettre en œuvre pour les démasquer ? Dans la seconde édition de ce livre revisité, l'auteur fait le point sur les dernières avancées de la loi et de la jurisprudence dans ce domaine. Il s'adresse aux victimes, aux juristes, acteurs médicaux et sociaux.
(Coll. Antidotes, 13.00 euros, 108 p.)
ISBN : 978-2-343-12664-7, ISBN EBOOK : 978-2-14-004266-9

PRIX DE TRANSFERT ET STRATÉGIES D'OPTIMISATION FISCALE DE LA FIRME MULTINATIONALE
Carasco Pierre-Yves
Les opérations intragroupes ou opérations de « prix de transfert » représenteraient entre 30 et 60 % du commerce mondial. La « multinationale » est traquée par le fisc. Les paradis fiscaux et le dumping fiscal, tant décriés, semblent prospérer toujours. Comment les réglementations évoluent et qu'est-ce que cela implique pour les entreprises multinationales ? Quelle importance accorder à ces opérations et quels impacts pour les États ? Ce livre définit, contextualise et analyse les opérations de prix de transfert en accordant une vision claire des enjeux associés à ces transactions et détaille les libertés et les contraintes qui pèsent sur les groupes mondiaux.
(Coll. Esprit économique, 15.50 euros, 144 p.)
ISBN : 978-2-343-11526-9, ISBN EBOOK : 978-2-14-004066-5

MANUEL DE COMPTABILITÉ (tome I)
Initiation à la comptabilité générale
Camara Kadiata Mory
Ce premier tome présente l'environnement comptable OHADA. Il permet aux utilisateurs d'apprendre et de comprendre facilement, à l'aide d'exemples et d'exercices, chacun des aspects fondamentaux et des opérations courantes : la notion d'entreprise et de comptabilité, l'analyse des flux économiques ; la notion de bilan et de compte de résultat ; l'enregistrement comptable des opérations courantes de l'entreprise : achats-ventes, encaissements et règlements ; l'enregistrement et le mécanisme de déclaration de la TVA ; la tenue des livres comptables.
(Harmattan Guinée, 31.00 euros, 302 p.)
ISBN : 978-2-343-12054-6, ISBN EBOOK : 978-2-14-004241-6

MANUEL DE COMPTABILITÉ (tome II)
Les travaux de fin d'exercice comptable
Camara Kadiata Mory
Ce 2e tome, conforme aux normes du système comptable OHADA, est structuré en huit chapitres comportant une présentation du cours, des applications corrigées et des exercices proposés. Il traite l'essentiel des opérations de fin d'exercice comptable. Pour arrêter ses comptes et produire les documents de synthèse (balance, bilan, compte de résultat, état annexé), l'entreprise doit procéder aux opérations d'inventaires et passer des écritures de régularisation qui en découlent.
(Harmattan Guinée, 29.00 euros, 276 p.)
ISBN : 978-2-343-12059-1, ISBN EBOOK : 978-2-14-004242-3

MANUEL DE COMPTABILITÉ (tome III)
Éléments de technique comptable approfondie
Camara Kadiata Mory
L'objectif de ce 3e volume est de donner aux utilisateurs quelques éléments de techniques comptables approfondies : éléments liés à la réglementation comptable basée sur les normes de l'Acte uniforme de l'OHADA portant sur l'organisation et l'harmonisation des comptabilités des entreprises, la nature des opérations

d'investissements, leur financement, quelques opérations spécifiques et certaines opérations courantes.
(Harmattan Guinée, 33.00 euros, 322 p.)
ISBN : 978-2-343-12060-7, ISBN EBOOK : 978-2-14-004243-0

LA PLACE DES RÉGIONS DANS LA DÉCENTRALISATION FRANÇAISE
Niepceron Alexis – Sous la direction de Madame le professeur Laetitia Janicot
Master «Droit des collectivités territoriales et politiques publiques»
Le quinquennat du président de la République François Hollande a été marqué par de profonds changements en matière de décentralisation, notamment pour la collectivité régionale. Afin d'accroître leurs pouvoirs et leur place dans la décentralisation, les lois des 16 janvier et 7 août 2015 ont réduit le nombre des régions, étendant ainsi leur périmètre. Pour autant, la région sort-elle véritablement renforcée de ces réformes ? Cette étude établit un bilan des avancées et des manquements des dernières réformes, en relevant et interrogeant les difficultés politiques et juridiques.
(20.50 euros, 204 p.)
ISBN : 978-2-343-12340-0, ISBN EBOOK : 978-2-14-004253-9

AUSTÉRITÉ ET RIGUEUR DANS LES FINANCES LOCALES
Une approche comparative et pluridisciplinaire
Sous la direction de Guillaume Gourgues et Matthieu Houser
Les finances publiques locales sont-elles victimes d'une politique d'austérité ? Assiste-t-on à une nouvelle définition de la « rigueur » budgétaire ? Comment les élites politiques et administratives adhèrent, réagissent, s'adaptent-elles à la « nouvelle donne » des finances locales ? Cet ouvrage explore la complexité des débats sur l'évolution des finances publiques locales. En proposant des analyses portant à la fois sur la réalité juridique et financière des situations de rigueur, nous proposons de traiter des thématiques liées au débat général sur « l'austérité locale ».
(Coll. Grale, 30.00 euros, 298 p.)
ISBN : 978-2-343-12371-4, ISBN EBOOK : 978-2-14-004101-3

LA GOUVERNANCE NODALE DU RÉSEAU DE SÉCURITÉ LOCALE
Quéro Yann-Cédric
De nombreux acteurs (appelés « nodes ») sont engagés dans les enjeux partagés de sécurité locale : élus locaux, police nationale, gendarmerie, préfet, justice, etc. Mais très peu d'informations étaient jusqu'alors disponibles sur la manière dont fonctionne au quotidien ce réseau d'acteurs hétéroclites qui coproduit la sécurité locale. Cet ouvrage se propose au travers de plus de quarante-cinq entrevues, d'analyser le rôle de chacun au regard du cadre réglementaire de coproduction de sécurité.
(Coll. Sciences criminelles, 27.00 euros, 264 p.)
ISBN : 978-2-343-12177-2, ISBN EBOOK : 978-2-14-004216-4

PROBATION, INSERTION
Les deux axes d'une politique ambitieuse de prévention de la récidive
Daniel Christian
Depuis des décennies, les gouvernements successifs, le Parlement, ont échoué à mettre en place une politique efficiente face à la délinquance. Si des évolutions

intéressantes ont pu être esquissées, leur mise en œuvre est demeurée trop timorée : jamais les décideurs n'ont eu le courage de surmonter les pressions et d'opérer les bons choix. En s'appuyant sur son expérience et à la faveur de nombreux échanges, l'auteur formule soixante-six propositions pour engager le tournant nécessaire.
(24.00 euros, 236 p.)
ISBN : 978-2-343-12564-0, ISBN EBOOK : 978-2-14-004259-1

L'ENTREPRISE ÉMOTIONNELLE
Une mutation incontournable
Gailliegue Didier
Cet ouvrage est consacré à la gestion du capital émotionnel constitué par l'ensemble des collaborateurs de l'entreprise, quelle que soit sa taille. Le management doit prendre en compte ce facteur incontournable d'efficacité et de pérennité. Le rôle de leader d'une organisation du travail est essentiel. D'un statut de chef hiérarchique il va devenir le coach qui détiendra son autorité par sa capacité à fédérer. L'habileté émotionnelle du chef d'entreprise devient une qualité stratégique. L'intelligence émotionnelle montre une voie d'espoir pour l'entreprise de demain.
(22.00 euros, 206 p.)
ISBN : 978-2-343-12075-1, ISBN EBOOK : 978-2-14-003916-4

ENTREPRISES VIVANTES
Ensemble, elles peuvent changer le monde
Sous la direction de Manfred Mack et Cristine Koehler
Ce livre réunit un panorama des principaux concepts d'entreprise qui ont vu le jour au cours des dix à quinze dernières années. Écrit par dix acteurs clés, il témoigne des nouveaux rôles et fonctionnements de l'entreprise. Ces innovations organisationnelles, agilité, entreprise libérée, création de valeur globale, réseaux locaux, économie collaborative, montrent l'importance de la créativité, de la persévérance et de la compréhension écosystémique de l'entreprise. Ces innovations sont susceptibles, ensemble, de régénérer l'économie.
(23.50 euros, 222 p.)
ISBN : 978-2-343-11508-5, ISBN EBOOK : 978-2-14-003860-0

COÉVOLUTION, CULTURE D'ENTREPRISE ET PHILOSOPHIE ÉCONOMIQUE
Au-delà du conflit entre l'économie et la société
Anker Heinrich
Il existe un véritable conflit, entre le capital et le travail, autrement dit entre économie et société, qui peut être dépassé par la coévolution. Ce concept comprend plusieurs points-clés : vivre, avec les clients et les collaborateurs, une culture du sens et de l'estime humaine ; respecter les ressources de la société et de la nature, et les gérer dans une perspective à long terme. L'expérience a prouvé maintes fois que ces entreprises sont plus robustes et rentables que la moyenne.
(Coll. Ad valorem, 16.50 euros, 144 p.)
ISBN : 978-2-343-11378-4, ISBN EBOOK : 978-2-14-003907-2

L'HARMATTAN ITALIA
Via Degli Artisti 15; 10124 Torino
harmattan.italia@gmail.com

L'HARMATTAN HONGRIE
Könyvesbolt ; Kossuth L. u. 14-16
1053 Budapest

L'HARMATTAN KINSHASA
185, avenue Nyangwe
Commune de Lingwala
Kinshasa, R.D. Congo
(00243) 998697603 ou (00243) 999229662

L'HARMATTAN CONGO
67, av. E. P. Lumumba
Bât. – Congo Pharmacie (Bib. Nat.)
BP2874 Brazzaville
harmattan.congo@yahoo.fr

L'HARMATTAN GUINÉE
Almamya Rue KA 028, en face
du restaurant Le Cèdre
OKB agency BP 3470 Conakry
(00224) 657 20 85 08 / 664 28 91 96
harmattanguinee@yahoo.fr

L'HARMATTAN MALI
Rue 73, Porte 536, Niamakoro,
Cité Unicef, Bamako
Tél. 00 (223) 20205724 / +(223) 76378082
poudiougopaul@yahoo.fr
pp.harmattan@gmail.com

L'HARMATTAN CAMEROUN
TSINGA/FECAFOOT
BP 11486 Yaoundé
699198028/675441949
harmattancam@yahoo.com

L'HARMATTAN CÔTE D'IVOIRE
Résidence Karl / cité des arts
Abidjan-Cocody 03 BP 1588 Abidjan 03
(00225) 05 77 87 31
etien_nda@yahoo.fr

L'HARMATTAN BURKINA
Penou Achille Some
Ouagadougou
(+226) 70 26 88 27

L'HARMATTAN SÉNÉGAL
10 VDN en face Mermoz, après le pont de Fann
BP 45034 Dakar Fann
33 825 98 58 / 33 860 9858
senharmattan@gmail.com / senlibraire@gmail.com
www.harmattansenegal.com

www.ingramcontent.com/pod-product-compliance
Lightning Source LLC
LaVergne TN
LVHW010925061026
849535LV00007B/2238